四国八十八カ所
へんろ旅で紡ぐ
88《パッパッ》の時間帯

深山無行
Miyama Mukou

幻冬舎MC

朝陽を眺めながら結願を思う旅ごころ。

意気軒昂。歩き遍路旅スタート。

金剛杖（同行二人）は手製です。

奥の院から88の旅路へ。
札所で作っていただいた
名札と共に歩く……。

歩き遍路旅計画
108回の結願時の納め札
偶然にも10月8日に結願！

結願・満願まであと1年。道半ばだ！　気を引き締めて。

結願へ……思い描くは祝い酒。

四国八十八カ所　へんろ旅で紡ぐ88《パッパッ》の時間帯

〜へんろ旅Q&A〜

Q　へんろとは？

A　旅（身体の旅・心の旅）です。

Q　行き先は？

A　どこでもよい。一つに四国八十八カ所があります。

Q　なぜへんろを？

A　日常生活に非日常時間を積極的に取り込む、それは環境の変化です。

Q　へんろに求めるものは？

A　客観的な視点を持つ、複眼思考的な自己の確立です。

Q　自己の確立とは？

A　人間は自分自身を、本当はよくわかっていない。これが「愚の根源」と思っています。そのために自己認識の正しい位置を獲得するのです。

Ｑ　具体的には？

Ａ　環境を、複眼的思考力で認識する知識の智慧化と考えます。

Ｑ　どの様にして？

Ａ　非日常的な思考によってです。

Ｑ　非日常思考とは？

Ａ　仏が実在すると信じて、心理的に一体化する方便的な手法です。

Ｑ　もっと詳しく！

Ａ　自己心中の仏と、仏の慈悲心を融合させる思考です。

Ｑ　仏の位置は？

Ａ　人間未知の領域を、仏・神に置き換えて思考する心理的な位置です。

Q　弘法大師は？

A　へんろ旅、「厄」の除去の大先達と意識します。

Q　へんろ思考とは？

A　身体（足）で得る環境認識情報をヒントとして、心で思考する事です。

Q　思考の主体は？

A　生命に関する事柄が中心で、生死・心経・悟り等です。

Q　懺悔《ざんげ》とは？

A　過去は変えられない。故に一切《いっさい》を仏に託して納める宗教的処方です。

Q　悟りとは？

A　時空の超越であり、現世に存在する生命にはないと考えています。

Q　絶対にないのか？

A　小悟や疑似的な悟りはあるかもしれませんが、釈尊的な大悟はないと思います。

〜へんろ旅Q＆A〜

Q　**へんろのご利益は？**

A　ある。但し、人それぞれ。へんろ旅は人それぞれです。

Q　**どの様なご利益が？**

A　知識でなく智慧的環境認識、反応能力獲得が期待できます。

Q　**もっと詳しく！**

A　厄に向き合う位置の獲得で、厄とは日常生活上に差し障る事柄です。

Q　**さらに詳しく！**

A　私が体験したへんろの記憶である、この本でどうぞ！

目次

序章　我がへんろ旅、発心の記

――88（パッパッ）の時間帯で得た喜び

一　私のへんろ旅、88の時間帯について

～なぜ遍路と　聞かれて困る　迷い旅　軽い笑顔で　答えを見せる～

へんろは、心身一体の旅です。それだけに、そこへ至った理由や、そこで得たもの等、ひと言で心の内側を話す事はできません。

へんろ旅の日常――それは、自由な心での思考の気楽さと、習慣性を生じさせる不思議な時間帯です。

心中、弘法大師と共に、お大師様の足跡をたどる「同行《どうぎょう》二人《ににん》」の旅であり、心の中で二人の自分が論争を楽しんでいる様な、そんな夢想の時間帯といえるでしょうか。

ここにお読み頂くのは、へんろ旅にまつわる私の自分史です。執筆の背景には、歩きへんろに徹した非日常的体験の結果から生じる、私自身の心身の変化について関心を持ち、へんろを始める前の心中のもう一人の自己を思い出し対話してみようという気持ちがありました。

へんろ旅には、特有の心理作用が生じます。

そうした「へんろ思考」をする心には宗教性、すなわち仏教的な背景を意識・無意識に持つ事になります。これは、無神論者等を除いたへんろ旅の日常に出会う他のへんろ者にも感じる、

個人的な所感です。

この本はそんな、人生の一時期をへんろ旅で生き、その贅沢な自由思考の時間帯の内容を記した日記的な「雑記録」。私自身、親しみを込めて「88（パッパッ）の時間帯」と呼ぶ、四国八十八カ所へんろ旅の、発心《ほっしん》・準備・実行・体験等の内容とその結果を記すものです。

へんろ旅の期間は、２０００年から２０１９年に掛けての事。本格的な歩きへんろの期間は２００８年からの足掛け12年間で、この間に本格的な長期連続のへんろ旅を重ね、合計１０８回をもって自らの結願《けちがん》に至りました。

ひと口に１０８回とはいいますが、八十八カ所全部を歩いて回っておおよそ１カ月、それを実質10年と少しで１０８回繰り返したわけですから、なかなか大変な事だったのだなと自分でも思います。多くの場合は、途中でバスやタクシー、マイカー等を組み合わせて移動していて、全部を歩きで回り、またそれを１００回以上となると、まずそれほどいないのではないでしょうか。

実際、へんろ旅を始めると「これまで20年も歩いている」という様な人にも出会いましたが、よく聞いてみると八十八カ所を本当に歩き続けているという人はいません。かつて一回は歩いたけれど、あとは途中を飛ばしたり、一定の地域をぐるぐる回ったり、生活のためにへんろをしているという人がほとんどで、私としてはそんなふうにはなりたくない……年数や回数がいたずらに目的化するのは、本来のへんろ旅とは違うのではないかという気持ちがありました。

結局、回数は後に書く様に、へんろ旅そのものの目的を「厄」に対する祈願と位置付け、煩悩の数と同じ１０８回に決定。いくつになっても、歩ける限りは歩き続けようと心に決めた次第です。

そしてもう一つ、私にとって多少とも胸を張れると思うのは、自分が歩いているへんろ道を折々に修復、手直ししたという点で、最初に歩いた時に「ここは危ないな」「直さんとあかんな」と感じた場所を、その後の旅の途中でこつこつ直していきました。直しが必要な道というのは、かつての歩きへんろのルート上に多く、近年は多くの人が自動車で移動する様になり、そちらが本道とされるに伴い、荒れるに任せている場所がいくらでもあります。

たとえば道の上に倒木や落石、蔦蔓《つたかずら》が覆いかぶさったままになっている場所や、道の端が崩れ掛かっている場所等、野宿に使うマイカーに簡単な工具を積んで、倒れた木を伐って取り除けたり、大きな石は邪魔にならない様転がしたり、崩れている箇所には土を盛って固めたり、歩きやすい様に手直しをするのです。

へんろ旅をしながらの道直しは、老いの身にはかなりの重労働でしたが、それによって遥か昔にお大師様が開いた道、その後も多くの修行者や祈願者がたどった道を絶やさず受け継いでいく事は、仏縁の糸を繋ぐ事。時には「手伝いましょう」という人もいらっしゃって、何とか結願まで続ける事ができました。

私自身のへんろ発心の背景については、この後に書きますが、多くの場合、現実的願望として「厄」すなわち生活する上で差し障りのある事柄についての祈願があります。それは、具体的には諸願成就・健康願望・余生の生き方等といえるでしょう。

これらは、へんろ旅という非日常的体験の結果、日常生活の安定を獲得する意識であり、同行二人の旅において、もう一人の自己の確立を図る事です。

私の場合はそれに加えて、般若心経とは何か？　また、悟りについての一定の認識を持つ事、厄との関わりや、生死の問題に関して、宗教と信仰等の関係をどの様に考えるか？等の気持ちがありました。まさに身体と心が語り合う、非日常的環境を積極的に求めて生きた一期間です。

その意味で、この自分史は一片の風聞知識を頼りに、心経とは何か？に始まり、へんろ、悟り、神仏、生命……果ては宗教とは何か？と、際限なく思考の対象を拡大して思索した事柄をまとめたものでもあります。

何の根拠も、科学的見識や宗教的な勉学もなく、一人のへんろ者が12年余にわたる非日常の「88の時間帯」に体験し、感じ、考えた思考の記録です。折々に心に浮かんだ思い、体験等をそのまま記す内容は、無責任の極みかもしれませんが、我がへんろ旅自体、人生の遊びの時間帯と自覚した上の事です。

遊び心には、無駄・無意味・無成果・無価値の側面があるのが当然で、それ故の面白さもある。そんな考え方をもって、この本を通じささやかな自分史を綴っていこうと思います。

二　生い立ち、そして歩く喜びとの出会い

私は、１９４０（昭和15）年に徳島県内の当時は勝浦郡と呼ばれた山の中で生まれました。周

辺には、家に伝わる記録を見ると16くらいの集落があった様です。家はそうした集落の長の様な立場で、たとえば神社を建てる時に先頭に立って寄進をしたり、皆からの寄付の取りまとめをしたり、様々な工事の折に測量をしたり、そんなある種のリーダー役を務めていました。

家の宗派は曹洞宗だったそうで、自分の所に子どもがいなかったため、お寺の関係で集落の親しい家から養子を取り、立派な教育もさせて将来に期待を掛けていたのが、日露戦争で出世したのは良かったものの、大陸で戦死してしまった。で、私の父がその跡を継いだという事です。

父は学校を出てから先生をしていて、土地には教え子が沢山いました。そうした人徳もあって次期村長にと村人の声が出始めた矢先に肺炎にかかり、34歳で没したのが私の1歳の時です。母は父の二度目の連れ合いで、私の前に姉が一人、その上には父と前妻との間の子ども（長女、長男、次男）がいましたが、父の没後、わけあって母は実子である姉と私、そして父の死後に生まれた弟を連れて家を出て暮らしました。

そんな経緯で、父の事はほとんど何も知らず、家を出た母子の生活も経済的に非常に厳しい毎日。恵まれていた生家や、義理の姉兄とも全く別々に過ごした私の子ども時代は、どちらかというと孤独で、周囲の同年代の子どもたちと一緒になってはしゃぐというタイプではなかった様に思います。

勉強については、今こうして一冊の本を書いてはいるものの、当時は綴り方（今でいう作文）や国語の方はあまり出来の良い方ではなく、もっぱら算数が大の得意。問題を出されると、自分で方程式というか、計算式を案出して解くのが上手で、小学校の時には中学校でやる様なややこしい課題もどんどんやっていました。

ちなみに計算は今でも得手で、外で食事をした時等も何をどれだけ食べて飲んで、合計いくらとすぐに答えられます。この本でも後の章で、88カ寺それぞれの札寺と札寺の間の距離や、境内の階段の数、掛かった時間や歩数等を事細かにご紹介していますが、それも子ども時代からの計算好きが役立ったといえるかもしれません。

あとは、当時からとにかくよく歩いていた記憶が残っていて、小さい頃から学校までの片道1km、往復2kmを歩いて通った他、時には2〜3kmは離れていた生家にも一人で歩いていきました。

何にせよ、歩くのが本当に好きだったのでしょう。目的が特になくても、学校から帰ってくると毎日、近くの山を勝手に歩き回り、管理が悪くて大人には歩きにくい細い小道、獣道の様な所へも分け入って、無闇にさまよっていたのですから、よく遭難しなかったものだと思います。

食べ物も持たず、喉が渇けば谷あいの川へ下りて冷たい清水をすくって飲んだり、時には日が暮れて真っ暗な木々の上に瞬く満天の星をうっとり見ながら、ひたすら前へ前へ――距離でいったら、日々何kmくらい歩いたでしょうか。山の中にはもちろん獣もいましたし、自分がどこにいるのかわからなくなる時もありましたが、怖いとか心細いという気持ちは不思議に湧いてきませんでした。

振り返ると、あの頃から一人で黙々と歩きつつ、それで幼い好奇心を満たすという体験に、喜びを感じ始めていたのだと思います。

そういえば、八十八カ所との出会いもその頃で、母に連れられて香川県の善通寺市にある「ミニ八十八カ所」という所へ行った事は忘れられません。

これは、弘法大師の誕生所である善通寺の裏山にあり、江戸時代に寄進されたという88体の石仏を巡れば八十八カ所の札寺を回ったのと同じご利益があるという、いわば信仰と行楽を兼ねた様な施設。今も地元の人に愛されていますが、その時の体験が子ども心にもよほど楽しかったのでしょう、成長してからも八十八カ所というとまずそれを思い出したものです。

一方、子どもの頃にはへんろという言葉を聞くと、どこか怖い、不気味なイメージもありました。

というのも、当時はまだ何らかの事情で故郷を捨ててへんろ旅をし、お接待（後の章で詳しく説明します）で露命を繋ぐいわゆる〝乞食へんろ〟がかなりいて、そうした人たちは見た目も襤褸《ぼろ》をまとっていたり、垢じみていたり……時には食べるのに困って、泥棒や追いはぎ等の悪さをする（その被害に遭うのは、多く一般のへんろだったそうです）というので、幼い自分にとっては恐ろしい存在に感じられたのでしょう。むろん当時は、後年に自分自身がへんろをし、今も一定数いる「職業へんろ」（これについても後ほど）と呼ばれる人々と触れ合う事になるとは、まるで思っていませんでした。

その後、学校を出てじきに故郷を後にした私は、今も住んでいる大阪で電気工事士の仕事や、タクシーの運転手をして暮らしを立てる様になります。

当時は、日本全体が高度経済成長のピークへと向かう頃でしたから、日々の仕事も非常に忙しく、結婚し、子どもも生まれて、ささやかながら充実した日々。生来あまり人付き合いの得意でない性分でもあり、故郷の義理の兄弟等親戚との交わりもなく、古くからの友人もなく、ひたすら家族の暮らしと幸せを守るため、働き続けた数十年だったといえるでしょう。

三　へんろ旅に先立つ「三百名山」挑戦

40歳の年に、長い運転手生活のせいか坐骨神経痛を患ったのをきっかけとして、警備会社に転職しました。そしてその頃から、趣味として登山をする様になったのです。

趣味と書きましたが、それはいわゆる楽しみとしての山登りとは少し違っていたかもしれません。そういう楽しみとしては、週に一回、小遣いの範囲での競馬があり、登山の方はもっと切実な願望といえばいいでしょうか。ただただ「歩きたい」「登りたい」という強い気持ちに引っ張られる様に、休みが取れれば一人で山へ向かう年月が続きました。

生来、凝り性の面があるせいか、単に近くの山を気ままに歩くという登山では、満足がいきません。そこで目標としたのが、作家で登山家の深田久弥さんが選んだ『日本百名山』を全て登るという、自分でも無謀に感じた企てで、歩けるうちに歩きたいという切実な気持ちから、定年退職を機に働く事をやめました。

その後は、北から南、全国の百名山を次々に訪れる様になりますが、それには当時、成長した娘の起こした事業がかなりの成功を収め、家族の暮らしを支えてもらえる様になった点が大きく、私事ながら改めて深く感謝するばかりです。

ただ、そうして登山を生活の中心にしてみると、最初は無謀だと思った百名山全部の踏破という目標も、けっして難しいとは感じられません。始める前は１００座を登るのに10年は掛かると思っていたのが、何気なく続けているうちに1年で早くも75座を登っていました。

これではいかんと、取りあえず残る25山を登ると、もう一回最初から１００山を再踏破。それをまた約3年ほどで登ってしまった後は、深田さんの遺志を継いで深田クラブが新たに選んだ二百名山（当初の分も合わせて「日本三百名山」と呼ばれます）に挑戦しました。

しかも私の場合、通常の様に山頂に着いたら終わりというのではありません。

そのまま往路とは別な登山口まで下山し、そこからまた折り返して最初の登山口まで戻る事にしていましたので、実質は一回の登山で〝往復〟二回という計算になります。実際、当時はひたすらに歩きたくて、そうでもしないと満足できないというのが正直なところ。頂上に着いても他の人たちの様に記念写真を撮るわけでなく、ただ通過点という気持ちで、無心に足を運び続けていました。

実際、私の登り方は他の人とかなり違っていて、1本の長い杖を使い、普通なら大変な路面の悪い斜面を相当な速さで登ったり、下りたりするのです。

登る際は杖を１ｍも先に当てがって、それに引っ張ってもらう様にしてポーンと、下りる際は反対にポーンと飛び降りる様にする。はたから見るとリズミカルに、まるで宙を飛んでいるみたいだそうで、いつぞやは大学の山岳部の皆さんをそんな調子でひょいひょい追い越し、「おっさん何でそんな速いねん」と驚かれ、また北海道のある山小屋のご主人には「なにわの天狗だなぁ」とありがたい異名を頂いた事もあります。

実は私は、登山や長距離の歩行に向かないといわれる偏平足なのですが、実際そんなふうにするとほとんど疲れません。山登りではない通常の歩行でも、土踏まずをべったり地面に付ける事なく、脚や膝よりも、腰で歩く様に意識する——専門家が〝モンキーウォーク〟と呼ぶこの歩き方が無意識に身に付いていたおかげで、後のへんろ旅も非常に助かりました。

そのあたりの歩き方、体の使い方というのも、子ども時代に山の中の獣道を走り回ったおかげで、自然に身に付いていたのかと思うと何とも不思議な気がします。

登り始めの時間も早く、まだ暗いうちに登山口へ車で行き、日の出と共に登山開始。装備も極力軽くする様に、シャツ一枚にしても重さを量って買ったり、ザックも軽量かつ効率良く物が入る品を選んだり、食事も朝夕しっかりと摂って、その分、昼食はごく軽くしか持っていきません。

もちろん遭難時に備えて、非常用の最低限の栄養補給はザックに入れていましたが、おおまかにいえば昼に食べるカステラ数切れと、水とタオル……水については、必要最低限だけを持って、あとは登山道に近い水場の位置、山小屋の場所、そうした事を徹底して頭に入れてから出発するわけです。

こうしたやり方は人にお勧めはしませんし、特に初心者の方は必要十分な装備をして下さい。

ただ、最近の様に装備だけで何十kgという様なやり方では、その重さだけでとてつもない負担となると思います。

頭に入れるといえば、先ほど書いた様に、一度登り始めるとかなりの速度でぐんぐん先を急ぎますので、地図というのをほとんど見る事もありません。登り始めてから地図を読むのではなく、出発までに繰り返し繰り返し地図を見て、頭の中に平面の地形が立体的に描けるまで叩き込むのです。

実際、そうしたやり方が身に付くと、現地で歩いている時も周囲２００〜３００ｍの広がりが、常にわかってくる様になります。

それだけでなく、その道を最近誰かが通ったのがわかり、また、誰かが自分のすぐ後を歩いているのが直感で掴めます。ある時、この経験を山道で一緒になった三角点の測量技師の方(仕事で1日に2座を登る事もある由で、当時すでに百名山早登りの新記録を持っておられました)にお話ししたところ、同じ様な経験をされていると聞いて、我が意を得た思いをした事もありました。

この様にして、百名山は少なくとも2度、その後に別コースでも登りましたのでほぼ3回は踏破。残る二百名山を次々に登って、残り僅かになるまでにはやはり10年近く掛かりました。

それについて、登山記録だけは誤魔化すわけにいきませんので、何月何日にどこの山へどのコースで回るという計画と共に、記録はきちんと残して地元の警察に提出しましたが、自分の手元には正確な控えを取っておらず、今になって少し残念に思っています。その後のへんろ旅に際してしっかり記録を取ったというのも、そうした気持ちがあったからかもしれません（第七章を参照）。

四　八十八カ所へんろ旅を発心！

　ところが――目標の三百名山をあと一つというところまできた時、とんでもない目に遭いました。

　滋賀県の金糞岳（標高１３１７ｍ）で下山する際に、登山道でばったり熊と出くわしてしまったのです。

　全体的に京都付近の山というのは、観光化している場所が多く、ある程度の高さまでは自動車で入っていける様になっているせいで、元からあった麓からの登山道は管理が行き届かないままというケースが沢山あります。私はといえば、登山はきちんと麓の登山口からというルールでいましたので、その時も雪まじりの雨が降る中を、いつもの様に下りていたところ、九十九折れの山道の角を曲がった先に一頭の熊が――大きさは１ｍちょっとだったでしょうか、そうした場合は恐怖感からむやみに大きく見えるといいますから、おそらくはそんなものだったと思います。

　冬を目前に、熊公の方も食べ溜めをする時季で団栗か何かを拾っていたのかもしれません。日本中の山を登る間には、もちろん熊の姿を見掛ける事はありましたし、北海道ではほんの少し前にヒグマが通った雪上の足跡に出くわし、震え上がった経験もありますが、元来、臆病な熊は人の気配を悟るといち早くその場を離れるらしく、そんなふうにばったりと遭遇したのは初めてです。

昔ながらの登山道で、左右は2～3mはある切り通し、道幅は広い所で5mほど、しかし私が熊と出くわしたのはほとんど1～2m程度しかなかったと思います。こちらももちろんびっくりしましたが、熊の方でも驚いたのでしょう。そうなると、あちらは攻撃するという反応しかなく、いきなり襲い掛かってくる。

とっさに杖で防ごうとするより速く、持っていた手が噛みつかれ、勢いで押し倒された時、無意識で亀の様にうずくまっていました。ちょうど冬だった事もあり、着ていた服も厚手のもので、その上にザックを背負っていたため首筋の急所は防げましたが、代わりに頭にものすごい衝撃と痛みが走ったのを覚えています。

ああ、これで死ぬんだな……と思った時になぜだかはわからぬまま、必死でつぶった眼の先へ光り輝く観音菩薩の御姿が浮かびました。

ところが何という幸運！　次の瞬間、熊の奴があまりに勢いをつけて再びかぶりついていたため、ゴロンと前方へつんのめる。そこがちょうど九十九折れの角、壁の切れ目になっており、藪の向こう側へ転げ込む様に落ちていくのを見て、こちらは必死で立ち上がると、泥まみれでこけつまろびつ、すぐ下のキャンプ場へと逃げ込みました。

何せ頭をかじられたために顔半分は血まみれで視界が利かず、脚は噛みつかれて骨折し、最初に噛まれた左手も痺れた様に動きません。それでも命からがら車を止めたキャンプ場へたどり着き、そこにいた人がびっくりしているのに「熊です、近くに病院はありますか？」と、止めてあった自分の車を運転して病院へ行けたのは、我ながら度胸が据わっていたと感心します。そのあたりは長年の山歩きで、突然の落石や倒木に遭ったり、時には遭難し掛かった人を助けたり、自分自身も遭難し掛けた事もある——そんな経験のおかげで、落ち着いていられたのかもしれません。

手当を終え、背中から下ろしたザックがズタズタに噛み割かれ、左手首の頑丈なスポーツウォッチが滅茶苦茶に砕けていたのを見て、改めて背筋が寒くなるのを覚えたものです。

この危難をきっかけに、山登りはやめました。結局、残り一つ、景鶴山（標高２００４ｍ）だけは登らぬままになりましたが、２９９というところで打ち止めというのも、未完の面白さがあっていいのではないかと思います。

そして「さあ、次はどうしようか？」と考えた時、天啓の様に頭にひらめいたのが、四国八十八カ所のへんろ旅でした。

思うに、へんろ旅へ出ようと心に決める、いわゆる「発心」の理由は人それぞれのはず。私の場合も濃淡のある色々の思いが、そこに至る動機となっています。

たとえば、先に書いた子ども時代のミニ八十八カ所の事、その楽しかった記憶を思い出したり、改めて何かをやろうと考えた時、自分にできるのは歩く事くらいだと気付いたり。他にも、

60歳も半ばを過ぎて、健康のため運動不足対策になるのではと考えたり、もちろん観光的な興味や、近年は中高年にブームというへんろに対する好奇心……何かご利益めいた事もあるかもしれない、との少々欲張った気持ちもありました。

でも、そうした様々な考えや思い以上に自分にとって大きかったのは、これまで生きてきて感じた多くの「厄」、すなわち悩みや苦しみを解決するのに、へんろ旅は何かの手がかりを与えてくれるのでは、という淡い期待だったという気がします。言い換えるなら、心の本質を理解し、命とは何なのかを考えてみたい――今にして振り返ると、これは発心即行動という事で、自分自身の心が環境の変化を強く求めていたのがわかるのです。

そして、そのよすがとなったのが、他ならぬ「般若心経」との巡り会いでした。

五　般若心経を杖に歩いた88の時間帯

そもそも、般若心経というお経＝釈尊の教えに惹かれたのは、前にも書いた警備会社に勤めていた頃に遡ります。当時、私は某スーパーマーケットの店内警備を担当しており、中でも一番大きな割合を占めるのが、万引きの防止と、その現行犯での処理でした。

とはいえ、事の性質上、万引きが行われる前にこれを止めるのは難しいものです。ほとんどは事後に声をお掛けし、別室に来てもらって事情を聴くという次第にならざるを得ません。

約8年間に、対応対処した約２０００人には悪質な常習者もあり、生活に困ったお年寄りのケースもあり、スリルを求めて非行に手を出す少年たちもあり、最年少では4つのお子さんまでいましたが、そうした場面で常に痛感したのが「自分自身に一貫した心の物差しを持たなければ」という点。実際、それがないままに対処をしても、「ああすれば良かった」「こうするべきだった」と常に悔いが残る結果になってしまうのです。

もちろん、私たちの仕事としては、現行犯で見つけた相手をそのまま有無を言わせず警察へ送る事ができます。しかし、それは既にその人を裁く事になり、警官でも、ましてや検察官でも、裁判官でもない自分が安易にそんな事をしていいものかどうか？　いつも迷いながら対応をする日々が続きました。

たとえば、多いのが「金を払えばいいんだろう？」という様な態度の人で、こうした場合にはとにかく、自分自身に窃盗というれっきとした過ちをした事を自覚してもらおうと、時間を掛けて切々と話し合います。

「人間だから間違いや失敗もある。でも、そこから学ばないとまた同じ過ちを繰り返す事になるから、やった事とここできちんと向き合わないといけない」

その上で、ご家族等の保証人に引き渡したり、警察を呼ぶ場合にも「反省している様なので、どうか寛大な処置を」と口添えをしたりはするのですが、常に「これでいいのか？」との疑問と心残りを拭う事ができません。

そんな中、いつの頃からか、これだけは大切にしようと自らに言い聞かせたのが、相手に対して「自分は犯罪者だ」という気持ちを持たせないという点でした。人は一度でも犯罪者意識を持ってしまうと、それ自体が重荷になり、かえって立ち直りを妨げる事になるのではないか――そうした思いから、何とかして罪の意識に対するより良いケアをしていきたいと、様々な本を読み、思い悩む中で最後に出会ったのが仏典の教え、とりわけ般若心経だったのです。

彼らと私との出会いは、表面だけを見ればけっして喜ばしいものではないけれど、それを善き縁にする事ができるのではないだろうか？　自分が仏の様な心を持って相手に接せられれば、無用の犯罪者意識を植え付ける事なく、やった事に向き合い、それをきちんと乗り越えていってもらえるのではないか？　それにはまず、私自身が自分の心としっかり対峙し、心の物差しを持たなければならない。そんな気持ちをきっかけに、当時は心経に関する色々な解説書を読んだり、もちろん原典を繰り返し唱えたり、これでもかこれでもかと写経をしたり、座禅道場に通ったりしました。

本書でも後ほどご紹介する、松原泰道師の『般若心経入門』（祥伝社）や金岡秀友師の御著書の色々と出会ったのもその頃の事です。それらの本からは深く広い教えを得る事ができましたが、頭では十分に理解したつもりでも、どこか掴みきれないもやもやした思いが残り、その後も折に触れて心経について考える年月が続きました。

そして、その忸怩たる思いが、先ほど書いた様に八十八カ所のへんろ旅を決意した時、大きな目標として浮かび上がってきたのです。それを思うと、滋賀の山中での熊との遭遇、そこで浮かんだ観音菩薩の御姿も一つの導きだったような気がしてなりません。

経文を唱えたり、解説を読んだだけでわからないのなら、自分らしく体を動かし、その中で新たな発見をしてみよう！　なる様にしかならない！　とにかく実行あるのみ！と、かつてお大師様がされた様に、ひたすら歩きながら考える事にしました。それが60歳の年で、まずは準備もそこそこにへんろ旅の一歩を踏み出したわけです。

この様にして始め、ありがたくも１０８回の結願を迎えた八十八カ所へんろ旅ですが、高齢になっての発心だった事もあり、最初に75㎝はあった歩幅も年々腰が硬くなり、最後には60㎝になるなど、自身の体の衰えを感じながらの歩行となりました。その間は、毎年正月を挟んで1カ月は完全に休んで、それから歩ける状態に戻すため毎日7〜8㎞歩くところから始めます。

その、休みと調整の時期を除いて年間ほぼ10カ月で12回を歩く計画を立てましたので、一番速い時はおおよそ25日で1回を歩く計算です。それも途中からは前述の様に道直しもしながら、また時には休みを挟みながら、それでも日数はほとんど変わらない様歩き、平均で1日12時間、年に最低10、11回のへんろ旅となると、時間的にはほとんど一年中歩いている感覚です。

それを何とか続けられたのは、おかしな言い方かもしれませんが、歩いて歩いて、歩き続けて、心が空っぽになる時間が持てる様になったからで、これはおそらく一回しか回った事のない人にはあり得ない状態でしょう。そうした状態では、歩こうという事さえも忘れて、足が前に前に出る様になり、それまで感じていた疲れさえフッとなくなって、無意識でも道に迷わず、何時間歩いたかもピタリとわかります。

そこでは心が空っぽになっていますが、それはけっして思考停止ではありません。無意識状態で周辺環境を全て把握しており、心中の思考や思索は驚くほどに充実して、その視点も日常の狭い枠を飛び越えている——いわば、思考を思考と意識せずに思考している状態といえるでしょうか、この無我思考における心と心の問答、心の言葉を少しでも書き留めておこうと、一瞬の内にひらめき、僅かな余韻で消えてしまったその内容についても、本書では不完全ながらまとめています（第四、五章を参照）。

＊

私にとっての八十八カ所へんろの旅、「88の時間帯」は何の生産性もなく、ふと考えると「何してるんだろう?」という時間で、それだからこそまたとない面白い時間です。途中でやめてもいいし、とにかく自由で、無駄な事をできるのが何よりの喜びでした。

弘法大師の道を、心経三昧《ざんまい》でたどる、それは厄の除去を求める心の旅であり、般若心経をよすがに歩行禅で自らの心中を探る日々。心の中にまた心があり、悟りの真の意味、すなわち「自力では悟れない事を悟る」——心の位置を「空」と確認して忘れ、それによって命の存在と本質、心の安定した日常の生き方を確立する、非日常の時間帯です。

そうした観点から、この本は次の様に3つの部分に分けて書きました。

Ⅰ　道——第一章

これは「日常」、心身一体の生活環境で、具体的には①一般的な道、②へんろ旅の道、③心の道（宗教・哲学的）であり、心の道、生命の道を逆にたどり、道の原点に至る事を目指します。

Ⅱ　位置——第二章

これは「日常＋非日常」、心と身の関わり方を考える環境、すなわち中庸＝0（空）。①日常生活環境に適する心の位置（常識・法律・宗教・道徳等）、②へんろ者としての仏教的出会いの縁の心構え（お接待）、③自己生命の本質的な位置（命の位置・心の位置）であり、変化する現象としての存在の現象的な断面に囚われない「空」の位置です。

Ⅲ　物差し――第四章

これは「非日常」、命と心について集中思考する環境、すなわち原点＝0。①周辺環境を理解するための物差し（物理的物差し・心の物差し）、②他者を理解する物差し（意思の疎通・十人十色・個性の尊重・資質＋人格）、③生命の物差し（仏の物差し＝心経的には0すなわち空・悟り）であり、心に内在する一切を昇華し、記憶している一切を整理整頓清算し、お大師様を環境の主体とした背景によって、共通の物差しとして利用する事です。

以上の他、第六章と第七章については、読者の皆さんがご自身でへんろ思考をされたり、実際にへんろ旅をされる際のご参考にして頂ける内容をまとめてあります。

本書が、へんろ旅に少しでも興味をお持ちの方にとって、身近な杖となるならば、これほど嬉しい事はありません。

第一章　へんろの旅、初めの一歩

――出掛ける前に準備する物、知っておく事

一　四国八十八カ所の開創と略史

へんろとは、もともと辺地・辺道・辺路等「辺境な土地・道」を意味する言葉から転じたもので、その様に不自由な場所を巡り、困難な旅をする中で霊場を巡拝。仏様の慈悲にすがり、その教えに深く帰依する旅の事で、かつては各地に様々な巡礼の道がありました。

中でも最も知られているのが、この本で取り上げる四国八十八カ所巡りのへんろ旅で、これは今から約１２００年昔に、お大師様、弘法大師と呼ばれる空海が、四国を行脚して開創された霊場をたどる、祈りの旅です。

とはいえ、それが盛んに行われる様になったのは、戦乱も収まって世の中が比較的安定し、安全な旅ができる様になった江戸時代半ば以降の事。そもそもは、17世紀半ばの元禄時代前後に土佐（高知県）生まれの真念という聖が、お大師様への信心厚く、その足跡をたどるため生涯20回余りの巡拝をしたのが始まりです。

真念は、当時まだ山間の細道、場所によっては獣道同然だったへんろの道筋を整備すると共に、霊場巡りのありがたさを広く世に説きました。へんろ道に連なる88カ寺（札寺）それぞれの番号を定めたのも真念で、これはいわゆる大厄の年（子ども13歳、女性33歳、男性42歳）を合計した数字。こうした行いにより、真念は今も「四国へんろの父」と伝えられています。

以後、八十八カ所巡礼の信仰がおおいに盛んになると、18世紀の享保年間には、それまでの特別者（僧侶・修験者等）から庶民の間にもへんろの信仰が広まりました。その風習は以後長く続き、つい60年程前の昭和30年代までは「乞食へんろ」と呼ばれる職業的なへんろも数多く、広い巡礼域内が彼らの生活域となっていたものです。

この間の経緯については、1513（永正10）年に書かれたという第80番・国分寺本堂墨書銘『四国中辺路・同行只二人納申候』や、1653（承応2）年の僧・澄禅『四国遍路日記』、さらには真念自身による1687（貞享4）年『四国邊路道指南（みちしるべ）』に書かれています。

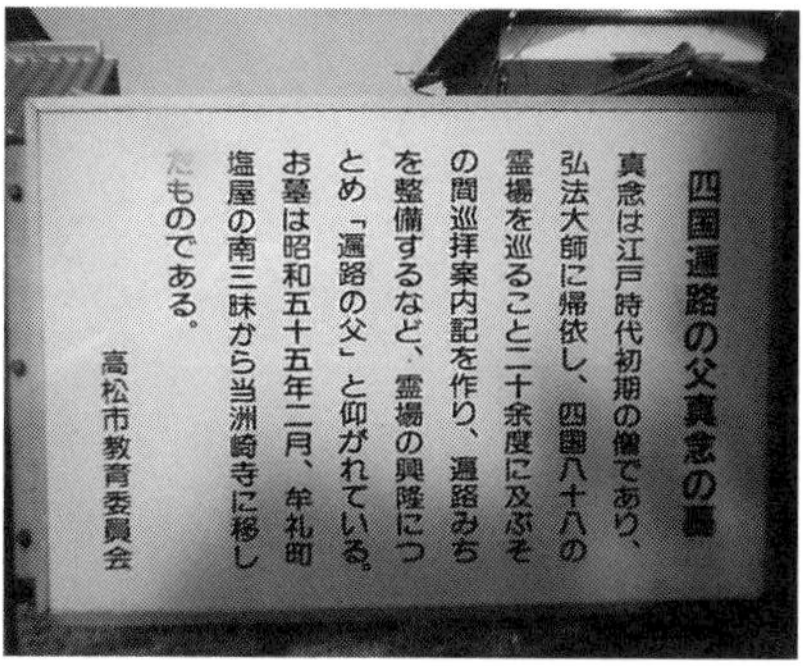

また、それぞれの札寺については、へんろ寺番号と寺名・御本尊・真言・願意・所在地名、あるいはお寺の特性等個人的な所感を、この後の第二章にまとめてありますので、ぜひご覧になってみて下さい。

二　へんろ旅の概略について

へんろ旅とひと口にいっても、多くの皆さんにはなかなかイメージがしにくいかもしれません。そこで、まずはへんろ旅のおおよその距離や、歩いての平均的な所要日数・時間・経費等についてご紹介します。これについても詳しい情報は第二章、および私自身の記録として第七章にまとめてありますので、あわせてご覧下さい。

まず距離ですが、これは札所間の距離すなわち寺山門と寺山門の距離の合計がおよそ１１４０㎞、これに境内（お寺の域内はかなり広い場合もあり、またその多くに長い石段があります）を歩く距離の合計約20㎞を足した、おおよそ１１６０㎞と考えればいいでしょう。ちなみに、この数字は公開されている一般情報に、私が歩数計を利用して計測したデータ、また個人的な体感距離を勘案したものです。

これを歩いて回る場合、所要時間は35日プラスマイナス５日で、おおよそ１カ月が目途となります。もちろん、へんろ旅には歩いて回る以外にもマイカーやバイク、自転車等の交通機関を使ったり、またバスツアーによる参拝も色々とありますので、時にはこれらと徒歩を組み合わせる等、ご自身に合うと思うスタイルで始められるといいでしょう。

　私自身もマイカーを使って回ったり、徒歩の際にも拠点（野宿の際の宿泊）として使う等、臨機応変に活用しました。ちなみにマイカーのみを使っての所要日数は、8日プラスマイナス1日というところで、ほぼ1週間が目安になります。

　へんろの順番、すなわち札所参拝の順路ですが、これは1番から始める方法はもちろんの事、ご自分の利便、あるいは願掛けの本意《ほい》により、こだわりなくいずれかの札寺から始めるのもいいでしょう。その上で、88カ寺を全て回って結願したなら、お大師様の入定《にゅうじょう》されている高野山の御廟へお礼参りに行きます。

　回り方には、番号順に小さい方から回る順打ち、逆に数字の大きい方から回る逆打ち、順逆打ち、88カ寺を一気に回る通し打ち、阿波・土佐・伊予・讃岐という国で区切る一国打ち、きりのいい札寺で区切る区切り打ち等があり、時間と体力、予算等とも考え合わせてみて下さい。ちなみに「打ち」というのは、かつてのへんろが願いの木札を寺のお堂等に打ちつけた事から、この様にいっています。

　なお、88カ寺には各県に一カ所ずつ「関所寺」が定めてあり、これはお大師様の審判を受け、「邪悪なものはここより先に進めない」という札所の事です。

　19番　立江寺（徳島県）

　27番　神峯寺（高知県）

60番　横峰寺（愛媛県）
66番　雲辺寺（香川県）

――の4カ寺が関所寺に定められていますので、順序を決める際の参考にして下さい。

参拝にはまた、適した時期というのもあり、猛暑の真夏、寒さの厳しい真冬、雨ばかりで足元も悪い梅雨時は、できれば避けるのが賢明です。ちなみに年間を通じて10回を目安としていた私の場合、真冬の2カ月だけはお休みにするパターンを基本にしていました。

へんろ旅に掛かる予算としては、歩きへんろの場合で1回につき40万円プラスマイナス10万円というところでしょうか。これは宿坊や民宿利用の場合で、先にあげたマイカーを使った野宿の場合等参拝方法と目的、装備品等、あるいはそれぞれの経済環境で大きく変わると思います。

これに加えて、最初にへんろをする際には、服装を整える等の準備のための経費が掛かり、へんろ笠、金剛杖、白衣上下、輪袈裟等、品質等に応じておおよそ1万円から10万円くらいというところですが、むろんお金を掛ければいいというものではありません。現在の社会的環境に合わせて考えると、他の人から見て善良なへんろであると認識される程度なら十分で、宗教的修行の実践と位置付けてのへんろの服装は、あくまで個人的な自由の範疇だと考えます。

それよりも重要なのは装備品で、特に歩きへんろの場合は靴やレインスーツ、常備薬等を十分に吟味して必要十分に用意する様にして下さい。これについても、第七章をご覧頂くと参考になると思います。

日々の参拝については、他に納め札、写経用紙（写経をする場合）、納経帳、御朱印帳（それぞれ必要とする場合)、線香、蝋燭、それに火を点けるライター等が必要で、先にあげた宿坊・民宿の宿泊、途中の食事等で今はおおよそ1万円が目安になるでしょう。

三　へんろ旅に当たっての心構え

まずは、へんろ旅心構えの整理整頓

へんろ旅の基本の心構えとして、心中弘法大師と共にお大師様の足跡をたどる「同行二人」のへんろ旅とする場合は、弘法大師すなわち遍照金剛（第六章をご覧下さい）を、心理的に唯一の大先達と意識した旅となります。

これは、へんろとは「遍路」で辺境の道を自分の足で編んで歩く旅、非日常体験の生活時間帯と強く自覚し、同行二人を方便として、心に複眼的思考を獲得・進化させ、やがてもう一人の客観的自己の確立を目指す旅となります。

とはいえ、へんろ旅も人それぞれです。特に目的意識を持たない「へんろ的旅人」としてのへんろでも良いのです。

これは、日常的諸願成就は取りあえずのわがまま、自我を背景とした他力本願的な旅になります。旅は日常に非日常的変化を積極的に取り込む事ですので、「犬も歩けば棒に当たる」すなわち非日常的体験で日常を変化させる期待感で行動する形で構わないのです。

たとえば、単に健全な健康・贅沢な願望として、歩くから健康になる、健康だから歩ける、それが身心の鍛錬となるという考え方。

あるいは、心のへんろ旅で変化する環境に即応する、自由度の大きい直観力や智慧（このあたりについては、以後の章でたびたびご説明します）の獲得と鍛錬。

歩きながら、人生上あるいは日々の「厄」に対峙する生き方を考えるのもありで、こうした場合は無意識的な願意だといえるかもしれません。

他にも、命を考えたり、死に対する心構えを確立したり、避けられない死に対する不安・寂しさに対処するという場合もあるでしょう。

いずれにせよ、これらは自分を見つめ、自分と語る自分探しの心の旅。加えて、仏を知り、仏の心に近付くための旅、また仏教徒の位置を意識しての信仰行為と考える場合、へんろ旅そのものが「動行《どうぎょう》修行」「歩行禅修行」だといえます。

へんろ旅の日々で特に心得る事

基本の心構えを持って、いざへんろ旅に出たら、意識的に非日常空間を持つ事です。へんろにおいては、日常環境に非日常的環境が混在しており、逆もまた同じといえるでしょう。

すなわち、日常生活上の厄の日々清算を意識する事、日常・非日常を一体化させて、常にへんろ三昧の環境を維持する事等が大切です。

その上で、日々特に意識する思考対象としては、仏・お大師様・心経を背景とした心理的な意識から生じる事柄の思索について——

たとえば、へんろとは命とは、仏とは悟りとは、心経とは、そしてその日々の思考の変化や意識の変化に気を付けて、その結果を自分のための心の記録として智慧化する。

生きていく上で行動する事は、未知の危険苦難に遭遇し、体験が増す事であり、環境に即応する智慧の獲得。だからこそ、へんろ旅をしたいという欲求は、良い生活環境を獲得するために、ひたすら歩き、ひたすら考える、等です。

出会いについて意識する事柄

へんろ旅は、その道すがら実に多くの人や物との出会いがあります。その際の対応の基本的な心得は「一期一会」。それが、四国路へんろ「同行二人」の旅での出会いで大切な点です。

一期一会だからこそ、そこで会う他者を理解する基本姿勢は十人十色、個性の尊重が基本。人それぞれの物差し（知識と智慧の物差し）を常に意識する様にしたいものです。

物差しの方便として、お互いの日常に存在する神（愛）・仏（慈悲）、あるいは法律・道徳・宗教等を無視しない事です。

利己的な自己主張を、絶対常識と意識して他者を理解し評価する事は、個性無視の独善であるとの心を保持しましょう。出会いとは、偶然の必然、必然の偶然であり、今同じ空気、同じ光の中で、同じ場所、同じ時間の今を、共有する一つの必然の縁なのです。

縁とは、生まれた日時・場所・命の諸々が違う者同士が偶然に出会い、同じ時空を共有する事の不思議さです。

仏教における因縁とは、因が結果として現れる直接的な原因となる要因（意識と行動）であり未来の現実であるのに対し、縁は結果に影響を生じさせる環境要因の偶然的干渉（状況と位置）であり現在の実態。出会いの縁は身心が動く事の結果、出会う現象であり、同じ時空と環境を共有する縁あっての出会いと捉え、謙虚な心で挨拶しましょう。出会いの縁は、別れの縁でもあるのですから。

出会いの挨拶と心構え

といっても、いざ出会った際に挨拶をするとなると、それは案外難しいもの。一ついえるのは、定形的・儀礼的・形式的な心のこもらない挨拶はやめる事です。

出会いの瞬間は、双方とも姿・形・表情・言葉の抑揚・しぐさ等で、悪意・敵意・危険・安全等を察知します。

すなわち、出会いは一瞬の知識・智慧・本能で即応する自然体での個人的な人間力。挨拶は、出会う双方の安全・安心を確認する行為であり、自分は安全で危険なものでない事の意思表示です。

であれば、挨拶は目礼・会釈・しぐさ・表情・言葉等の全てであり、無視や無言は心の貧しさを表す事になるでしょう。言葉遣いにおいても、儀礼的、定型的でなく、時々の空間を生む自然体の言葉、心遣いが必要です。

そして当然、先を急ぐ事の多いへんろ同士の場合は、お互いの迷惑を考えて長話をしない事。また「なぜ、へんろを？」等と、立ち入った事は聞かないのがへんろ同士の暗黙の約束です。とはいえ、自分から進んで話す、そしてそれを聞くというのは悪い事ではありません。

へんろ旅ではまた、地域の方たちとの出会いも日常茶飯です。その際は、人それぞれの個性を尊重する事、生活環境・文化の違いを意識する事が大切と考えます。

へんろは、地域の人の日常生活の道を歩かせて頂いているのですから、出会う人には何よりも感謝の心で挨拶します。

人と人との関係で大切なコミュニケーションは挨拶から始まりますが、そこには注意が必要です。先ほども書いた様に、思想・宗教・宗派、そして様々な思惑、中にはへんろ嫌い等という場合もありますので、その点を考えて対応する必要があります。たとえば、病気・怪我等でリハビリ中の人等や、単に他人の接触をあまり好まない人もいるのです。

地域の方との出会いという点では、へんろ旅に特有の「お接待」の文化も忘れるわけにはいきません。

道すがらの皆さんが、へんろに対して心づくしのお布施をする。それがお接待の基本であり、そこには実に様々な形と、して下さる方の様々な思いが込められているものです。これについては、主に第三章に私の体験を中心として詳しく綴っていますが、本当に数えきれないほどの出会いがあります。

そうした、へんろに対するお接待については、基本的な心得として断らないという事です。

お大師様からのお接待と思う事であり、そのためにも同行二人の背景をよく理解しておきます。お接待を受ける時は、弘法大師の代理であるという気持ちを持ち、言葉や合掌の姿勢によって感謝の意思表示をする事です。

お接待の三徳として、①できる人徳、②出会う縁の徳、③布施成就の徳というのがあり、さらに「反転の徳」という言い方もします。まさに、お接待はするも受けるも同じ事というわけです。

参拝についての心の位置

へんろ旅とは先に書いた様に、日常生活と、非日常生活が濃淡に織りなす、かなりのまとまった時間帯を必要とする旅です。

へんろに期待している事柄と行為については、非日常的な生活体験で、自己の身心とその環境に、より良い変化へ向けた願望が背景にあります。

札寺での参拝は、まさにそうした願望を行為にする場面であり、納め札・写経・読経参拝等は、全てへんろとしての願意成就の意志と、意識を表現する必要不可欠な行為と考えて行動するべきです。

へんろ旅、その途次の札寺での参拝は、身心が思考を必要とする環境を意識的に作り、必然的に自由思考環境を獲得するための行動ですが、これは変化する事象を利用して、思考を鍛錬し智慧の醸成（知識の智慧化）を図るためです（これについては後の章で詳しく書いていきます）。

そこには結果的な背景目的として、「厄」に対処する能力を獲得する事が心理的な願望としてあります。

具体的には、日常的な自己と非日常的な自己を融合させる。別の言い方をすれば主観的自己を見直し、客観的な自己を増強して、融合的に智慧による生き方の獲得を目指す事です。それは、自分の心の中にもう一人の自分、智慧的な自己を確立するという事で、それは客観性を持つ本能的直観です。

ただ、自分の心の世界は多重人格でも良い（仏も諸仏です）ので、もう一人の自己確立はなかなか難しい！

そこで、同行二人、お大師様、弘法大師、そして諸仏を方便的に心中に出現させます。心中に出現させた象徴的存在と、自己との融合化の努力で願意成就の足掛かりとする考え方です。その過程では、生命が存在する事で生じる一切の苦楽に、どの様に対処するのが一番良いのかとの考えが中心になります。

この答えを求めて、へんろは始まります。

願意　十人十色　～お寺で参拝の願意は色々～

世界平和	先祖供養	海上安全	心願成就
天下泰平	家内安全	交通安全	病気平癒

五穀豊穣　子孫繁栄　道中安全
事業繁栄　悪病退散　身体健全
商売繁盛　報恩謝徳　無病息災
求児安産　悪難消滅　息災延命
家運隆昌　厄除祈願　技芸成満
発育増進　福徳自在　学業向上
子宝天授　除災招福　受験合格
安　産　良縁成就　入試合格
水子供養　金運向上

人それぞれの願意があります（納め札に記入）

宗派　十人十色　～基本は真言、でもやっぱり色々～

真言密教……空海
律宗……鑑真
華厳宗……審祥
法相宗……玄奘
天台宗……最澄
日蓮宗……日蓮

浄土宗……法然
浄土真宗……親鸞
融通念仏宗……良忍
時宗……一遍
曹洞宗……道元
黄檗宗……隠元

四　参拝の形とお経、供物等について

参拝の手順と心構え

～仁王門　智慧の居場所の　しるべなり～

四国へんろ88カ寺の参拝時の心得については、①山門に入る、②一礼合掌から始まり、③山門を出る、④一礼合掌で終わる、という手順が一般的で私も基本的にこの流れで行っています。

具体的には、山門を入って境内参拝。手水所から鐘楼、本堂、大師堂、そして諸堂等という順序で、納経所では朱印帳・掛け軸朱印等をお願いします。

参拝の際の合掌は、乱れのない心の方向性の表現する行為であり、同時に「南無」と唱えるのは心の自覚位置（0＝原点）から、自己の心が持つ一定方向への目的意識が生じるという事だと考えます。

参拝時には、般若心経を心中写経読経、すなわち一文字ずつ心の中で写しながら、自分の読《どく》誦《じゅ》の声を聞きながら、その意味をぼんやり考えながら……でも、心中雑念でいっぱいというのが、私の場合はいつもの事。

仏心一如《いちにょ》とは自我の昇華なのかな？

客観性を持つもう一人の自己には、広く大きな自由な心が生じるのかな？

我がへんろ旅は非日常（現実逃避・変化願望）なのかな？

それとも、未知や完全とは？の解を求める宗教的欲求なのかな？

参拝の時に口に出している言葉、十善戒《じゅうぜんかい》等を本気で意識して、守ってへんろをしているのかな？

参拝自体がマンネリ化して、習慣化の行為になっていないかな？

そんなふうにあれこれ雑念が湧いては消える中、周辺環境も自己も意識せず、自分の声「ギャーティ！」でハッと参拝している事に気付くというのもしょっちゅうでした。

それはさておき、参拝は自分なりのへんろとしての願意・目的等の自覚を大切にして行いましょう。それは、仏の教えに生きる事であり、「仏心一如」仏の様に生きる事です。

ここで注意すべきは、御本尊の仏像は釈尊の悟りを表現する象徴的存在であり、崇拝する対象目的としないという点。あくまで寺に参じて仏を拝観するのが参拝であり、それは心に仏を感じ、仏と一体化する意識を持って自分の心を見つめる行為なのです。

境内での歩き方は右回り（時計回り）にしましょう。このならわしは、仏陀の足の裏の紋、頭髪が右巻きである事に由来するそうです。本当のところは定かではありませんが、一つのマナーと考えて下さい。多人数参拝時には混乱しない様に、自他参拝の姿を客観的に意識する事が大事です。

自他同等に心の中が見えてくる様になると、十人十色（個性）が理解できて、他の参拝者に対して偏見を持たなくなります。

参拝の際に最も重要なのは、目的意識を大切にする事で、弘法大師の足跡をたどる同行二人、非日常的側面を持つ旅の背景を忘れない様にします。生きていく上で、さしさわる事柄である「厄」の解決——その方便として、心の中の仏に目覚める縁となる参拝をして下さい。

常に学び、修行の意識を持つ様にし、とりわけ、お経の読誦参拝は仏の教えを心で感じる一つの手段。写経・写仏・仏像を拝するのも全て同じです。

参拝時のお経等

参拝時に読誦するのは、開経偈《かいきょうげ》、懺悔文《さんげもん》、三帰依文《さんきえもん》、十善戒、般若心経、本尊真言、光明真言、弘法大師真言、回向文《えこうもん》等です。ここでは、このうち般若心経（第五章に詳しく書いています）と本尊真言（第三章に各札寺ごとにまとめています）以外のお経について、簡単にご説明します。

＊開経偈

これによって、参拝目的の意思表示をします。

「無上甚深　微妙法　百千萬劫難遭遇　我今見聞得受持　願解如来真実《にょらいしんじつ》」

願意は、仏の説く最高の真理は般若心経だとする立場での参拝をしますという事で、「仏の説かれた般若心経、微妙法の真理が理解できます様に！」という意思表示です。

＊懺悔文

これによって、今現在の意識状態の表明をします。

「我昔所造諸悪業　皆由無始貪瞋痴　従身語意之所生　一切我今皆懺悔」

内容は、記憶している過去現在一切の諸悪行の内容を自覚し、その対処を意識しますという事で、心に刻み込まれた一切諸悪行の記憶を清算します。具体的には三毒（貪《とん》・瞋《じん》・痴《ち》＝貪り・怒り・無知）の反省と、心の整理・整頓です。償いは今からの生き方にあります。

＊三帰依文

そして、そのために三帰の生き方を約束します。

三帰依とは仏・法・僧に対するもので、帰依仏、帰依法、帰依僧に生きる事です。最高の命（仏）を意識し、その教え（法）を信じ、僧に学び共に生きる事、その具体的な生き方の姿勢を確認し約束します。

三帰を生活の規範として、仏の教えである「戒」すなわち三密——身密《しんみつ》（身体の働き）・口密《くみつ》

（言葉の働き）・意密《いみつ》（心の働き）を守るのです。

＊十善戒

仏の教えにおいて悪とされる行いを戒めるもので、人と人との関係における戒めであり、自分の心に強く意識する生き方の内容。これを守るのが、十善戒修行です。

一　身体の働き【行動抑制】

①不殺生《ふせっしょう》＝人を殺さない、命を大切にする、命を生かす。

②不偸盗《ふちゅうとう》＝人の物を盗まない、盗むのでなく与える心を持つ、欲を持たない。

③不邪淫《ふじゃいん》＝乱れた異性関係を持たない、色欲に溺れない。

二　言葉の働き【言葉抑制】

④不妄語《ふもうご》＝嘘をつかない、正直に話す。

⑤不綺語《ふきご》＝よく考えて話す、意味不明の話をしない。

⑥不悪口《ふあっく》＝温かい言葉を使う、暴力的な言葉を使わない、人を傷つけない言葉遣いをする。

⑦不両舌《ふりょうぜつ》＝無責任な話をしない、その場だけの適当な話をしない、真実を話す。

三　心の働き【心の抑制】

⑧不慳貪《ふけんどん》＝欲望に生きない、布施の心を持つ。

⑨不瞋恚《ふしんに》＝大きな心を持ち怒らない、穏やかな心を大切にする。

⑩不邪見《ふじゃけん》＝他を正しく理解し判断する、自己本位にならない、十人十色。

ここで不殺生について少し述べておきます。

殺生というと、よく「全ての生命を殺すな」といわれる事がありますが、これは拡大解釈です。命は自体の命の継続のために、他の命を取り込まなければ生きていけません。一つの命の死は、他の命の生となるのです。

これに対し、人と人との関係における不殺生戒は、生命の在り方を説いています。

不殺生すなわち人は人を殺してはならない、それは悉有仏性《しつうぶっしょう》の世界観で、生命が他の生命を奪う事は共有仏性を消滅させる事になるのです。

（参考文献：『よくわかるお経の本』　由木義文著　講談社）

＊光明真言

真言とはサンスクリットでマントラといい、バラモン教祭官の呪文の事。

中でも、この光明真言は釈尊の悟りの耀きを意味するもので、悟りを求めての祈りの言葉です。

「おん　あぼきゃ　べいろしゃの　まかぼだら　まに　はんどま　じんばら　はらばりたや　うん」

現代の言葉に訳せば「オーム　不空なる者よ　毘盧遮那《びるしゃな》よ　大印を持つ者よ　摩尼《まに》と蓮華よ　光明を放て　フーム」となります。真言密教における根本仏である大日如来は太陽の化身ともいうべき仏で、釈尊のもう一つの姿。光明真言の正式名も「不空羂索《ふくうけんじゃく》 毘盧遮那仏大灌頂 光真《ぶつだいかんじょうこうしん》言《ごん》」といいます。

＊弘法大師真言（大師御宝号）

「南無大師遍照金剛」と、お大師様の法号「真言八祖　遍照金剛」を唱えます。お大師様と共に「同行二人」の縁を得て、参拝できる今に感謝します。

＊回向文

参拝の結びに、今の心の実態を言葉にします。

「願以此功徳　普及於一切　我等与衆生　皆共成仏道」（願わくはこの功徳をもって　あまねく一切に及ぼし　我らと衆生《しゅじょう》と皆共に仏道を成ぜん）

開経偈から始まり、御宝号までの読誦参拝を功徳と見なして、自他共に仏の道を守れます様にと、参拝のご利益を渇仰《かつごう》する。

＊その他の経文

・舎利礼文《しゃりらいもん》

「一心頂礼　萬徳円満　釈迦如来　真身舎利　本地法身　法界塔婆　我等礼敬　為我現身　入我我入　仏加持故　我証菩提　以仏神力　利益衆生　発菩提心　修菩薩行　同入円寂　平等大智　今将頂礼」

・十句観音経

「観世音　南無仏　与仏有因　与仏有縁　仏法僧縁　常楽我浄　朝念観世音　暮念観世音　念念従心起　念念不離心」

・観音経（妙法蓮華経　観世音菩普門品《ふもんぼん》第二十五）

・世尊偈《せそんげ》

ちなみに、観音行とは観音菩薩が誓願した、世の中の衆生済度のための実行力の事。また、経典に出てくる「南無」というのは「南が無い」、すなわち釈尊涅槃《ねはん》時に頭が北向きであったとかで、霊地聖地は北方向にあると考えたのか、ひたすら一心に信仰の方向を示す言葉です。一般的には、帰依の意思表示の言葉と考えられています。

供物等

お賽銭（勧進・寺への寄進）――

お賽銭は「仏・寺に対するお布施」で、参拝ができるお寺に感謝し、お寺の維持管理に感謝の心を表すものです。

蝋燭（照明）――

参拝者の存在表現ともいわれています。灯す事で「今から参拝する者です！」とご挨拶をするわけです。明暗・献灯・夜灯・滅暗・龍灯・光明・徹明・龍光・灯明・常夜灯・除暗等、色々な呼称があります。

線香・献香（仏に対する香りの供養物）――

香の三徳は「願意成就します様に」という気持ちを込めた……

一　献香・戒香（仏・自己共に戒を持つ）
二　定香《じょうこう》（清らかな心を持つ）
三　解脱香（悟りを持つ）

という事で、戒＝仏と一体化、定＝仏の心を持つ、解脱＝仏と共に生きるという願いです。

また、一本目は仏に帰依、二本目は仏の教えに帰依、三本目は教えの実践という意味もあります。

香の種類はとても多く、沈香《じんこう》・伽羅香《きゃらこう》・栴檀香《せんだんこう》・龍脳《りゅうのう》・安息香《あんそくこう》・鬱金香《うつこんこう》、その供え方や形も香華《こうげ》・薫香《くんこう》・焼香・丸香《がんこう》・散香・抹香・線香・定香（禅定《ぜんじょう》時の香）、さらに塗香《ずこう》・香水・香油等様々です。

納め札について

納め札というのは、へんろが自らの名前や願意等を記し、札寺に納めるためのもの。いわば、へんろの「名刺」ともいうべき大切なお札で、仏に対して参拝目的と、その成就のために成したへんろの足跡記録を残す行為です。

へんろ旅の回数と納め札の色は、へんろ者としての質・量的な位置や意識の形の表現で――

1～4回まで……白色札（目的達成までの段階的過程を意識して）
5～7回まで……緑色札（札の色の変わるのを励みにしつつ）
8～24回まで……赤色札（目的は回数ではないと戒めながら）
25～49回まで……銀色札（札色の変化を心に照らし合わせて）
50～99回まで……金色札（心を黄金色の札に重ねて遠い峠を目指す）
100回以上……錦札（錦の多様な色模様を見つめながら、回を重ねる）

拘らない自由と人それぞれの思いはありつつも、参拝の刻々に感謝の思いを込めて納めます。

第二章　参拝の環境

――88カ寺の環境（寺間の距離・所要時間等）

この章では、四国88カ寺を巡るへんろ旅について、その距離や徒歩での所要時間、さらにはそれぞれの札所間の距離や、個々の札所についてのあらましをわかりやすくまとめました。皆さんが実際にへんろ旅をする際の計画に、また現地での道案内として便利に使って頂きたいと思います。

まずは、58、59ページの表をご覧下さい。

これは順打ちで回った場合の各札所間の距離と所要時間、札所それぞれの階段数（札所はとにかく階段が多い）を一覧にしたもので、それぞれの項目については次の様になっています。

距離については、個人的な体感距離です。

所要時間は寺山門～寺山門の分数で、各寺の境内距離を含まない個人的な体感所要時間です。

平均時速は4㎞／hとし、山道・急坂については2・5㎞／hとして計算しました。

境内距離は、歩幅を約50㎝として歩数計測から計算しています。

階段数等は、山門手前を含む本堂等あるいは境内全体等、歩き方で変わる場合がある点をご留意下さい。また、スロープを利用する場合は参考データとしてお考え下さい。

それぞれの札所の難易度は、段数・段差高・幅・勾配・自然石粗面等、個人の感覚で付記したものです。Aとあるのは「厳しい」、Bとした所は「少し厳しい」、それ以外はあえて記しませんでしたが、Ｃ「気にしなくて大丈夫」という意味です。

この表から計算した、へんろ旅全体の距離は次の様になりました。

札所間の距離【寺山門～寺山門】計　約１，１４０㎞
境内を歩く距離【山門～山門】計　約20㎞
合計　約１，１６０㎞
※公開されている一般情報＋歩数計を利用した計測

東京から福岡までが直線距離でおよそ１，２００㎞といわれていますので、へんろ旅の一周はそれに匹敵する距離を歩くと考えればいいでしょう。

確かに大変な事ではありますが、何回かに分けても良し、途中を交通機関利用にしても良し、もちろん私の様に毎回一気に回ってしまうというのもあり。お一人おひとりの目的や時間的・金銭的な余裕、目的等に合わせて無理のない計画を立てるのがいいと思います。


ここから先は、札所の88カ寺一つひとつについて、そのあらましを記していきます。

具体的には、番号と寺号・山号・院号、ご本尊様、唱えるべき本尊真言、あとは私がそれぞれの札所で感じた事、気付いた事等、ちょっとした「独り言」も添えてあります。「独り言」ゆえ、その場に行かないと（行っても？）意味不明のものがあるのは、どうぞご容赦。

全体は、これも順打ちで「発心阿波路」（徳島県）の23カ寺、「修行土佐路」（高知県）の16カ寺、「涅槃《ねはん》伊予路」（愛媛県）の26カ寺、「菩提讃岐路」（香川県）の23カ寺を結願所《けちがんじょ》の88番・大

寺番	寺名	距離	所要・分	階段数
	県　境	16.7	270	
40	観自在寺	51.2	790	85
41	龍光寺	2.6	50	29
42	仏木寺	11.2	220	29
43	明石寺	69.3	1080	75
44	大寶寺	9.3	200	94
45	岩屋寺	25.7	480	A 299
46	浄瑠璃寺	1	15	35
47	八坂寺	4.3	70	49
48	西林寺	3.2	45	7
49	浄土寺	1.5	20	45
50	繁多寺	3	40	38
51	石手寺	11	190	25
52	太山寺	3	45	B 127
53	円明寺	36	550	13
54	延命寺	3.7	60	57
55	南光坊	3	50	13
56	泰山寺	3.2	50	26
57	栄福寺	2.5	50	25
58	仙遊寺	6.7	100	A 205
59	国分寺	28.8	360	44
60	横峰寺	11.5	220	56
61	香園寺	1.4	20	20
62	宝寿寺	1.4	20	0
63	吉祥寺	3	45	9
64	前神寺	44.2	690	52
65	三角寺	11.8	180	A 108
	計	370.2 km	5910 =99H	1565

寺番	寺名	距離	所要・分	階段数
	県　境	11.2	200	
66	雲辺寺	10.5	220	174
67	大興寺	8.5	135	A 105
68	神恵院	0	0	82
69	観音寺	4.8	75	
70	本山寺	11	170	11
71	弥谷寺	3.6	60	A 575
72	曼荼羅寺	0.6	10	12
73	出釈迦寺	2	40	42
74	甲山寺	1.4	20	38
75	善通寺	3.7	60	13
76	金倉寺	3.8	70	20
77	道隆寺	7.2	110	14
78	郷照寺	6	90	73
79	天皇寺	6.5	100	0
80	国分寺	6.7	130	10
81	白峯寺	5.4	110	A 106
82	根香寺	13	250	A 158
83	一宮寺	13.6	220	14
84	屋島寺	5.8	120	67
85	八栗寺	7.8	120	77
86	志度寺	6	90	21
87	長尾寺	16	240	12
88	大窪寺			96
	計	155.1 km	2640 =44H	1720

寺と寺の間の距離と所要時間【個人的な体感】

寺番	寺名	距離	所要・分	階段数
1	霊山寺	次・1.2	20	20
2	極楽寺	2.7	40	B 66
3	金泉寺	5.3	80	26
4	大日寺	1.7	30	32
5	地蔵寺	5.3	80	13
6	安楽寺	1.5	20	20
7	十楽寺	4	60	54
8	熊谷寺	2.4	40	A 119
9	法輪寺	4	60	17
10	切幡寺	9.8	170	A 346
11	藤井寺	10.3	320	40
12	焼山寺	25.9	430	B 90
13	大日寺	2.5	40	31
14	常楽寺	0.8	15	80
15	国分寺	2	30	20
16	観音寺	3	45	6
17	井戸寺	19.6	280	21
18	恩山寺	4.4	75	83
19	立江寺	13.9	250	20
20	鶴林寺	8.7	170	77
21	太龍寺	12.8	230	A 170
22	平等寺	20.3	320	B 61
23	薬王寺	39.5	590	A 184
	県　境			
	計	201.6 km	3395 =57H	1596

寺番	寺名	距離	所要・分	階段数
	県　境	37.5	560	
24	最御崎寺	6.5	110	31
25	津照寺	4.8	75	A 128
26	金剛頂寺	30.9	480	100
27	神峯寺	40.1	600	A 224
28	大日寺	10.2	150	71
29	国分寺	7.8	120	11
30	善楽寺	7.2	110	13
31	竹林寺	5.3	100	B 108
32	禅師峰寺	10.1	160	B 107
33	雪蹊寺	6.5	100	13
34	種間寺	9.3	150	13
35	清瀧寺	14.7	220	A 149
36	青龍寺	59.8	900	181
37	岩本寺	87.3	1210	19
38	金剛福寺	60.5	830	33
39	延光寺	14.3	220	25
	県　境			
	計	412.8 km	6095 =102H	1226

窪寺まで、4つに分けて紹介しました。

それぞれの冒頭には、拙作の「四国の詩」なるご詠歌めいた歌詞を掲げてありますので、へんろの道すがら、辛い時や疲れた時、あとひと頑張りという折に、どうぞ口ずさんでみて下さい。

一　四国の詩　発心阿波路・徳島の道

一　歩き始めた旅の道　路面に心の杖の音
風に絡ませそぞろ聞く　決めた思いを抱きしめて
先ゆく心を追っ掛ける　88を繋ぐ長い路

二　今日は険しい山の道　静けさ乱す杖の音
荒い鼓動に合わせ聞く　心に願意浮かべつつ
足に思いの力込めて　88を思う山の道

三　思いまとめる今日の道　心鎮める杖の音
思い見つめて揺れてゆく　歩きを忘れてひたすらに

祈りの時を心に描く　心の道を歩く旅

四　心見つめる日暮道　磯辺の床に身を置いて
星を眺める波枕　思いまとめて目を閉じる
試練の道を前にして　足と心を確かめる

～四国路の　寺を旅する　朱印帳　同行二人の　杖が支える～
～旅の道　ほど良いリズム　杖の音　願意成就へ　足を誘う～

1番――霊山寺　竺和山・一乗院
釈迦如来
真言＝のうまく　さんまんだ　ぼだなん　ばく
独り言＝錦鯉、色を消したら大ブリだ！（まん丸・ぷりぷり・ブリだ！）

2番――極楽寺　日照山・無量寿院
阿弥陀如来
真言＝おん　あみりた　ていせい　から　うん
独り言＝長命杉！　実生はどこ？　無い！　でも植える庭は無いんだ

3番―金泉寺　亀光山・釈迦院
釈迦如来
真言＝のうまく　さんまんだ　ぼだなん　ばく
独り言＝大師堂参拝は外陣、きれいすぎるので、雨の日は盗み足で

4番―大日寺　黒巌山・遍照院
大日如来
真言＝おん　あびらうんけん　ばざら　だとばん
独り言＝昼夜の大師【心】変わらない？　でないと困る？

5番―地蔵寺　無尽山・荘厳院
延命地蔵菩薩
真言＝おん　かかかび　さんまえい　そわか
独り言＝８００歳の銀杏美味しそう！　でも〝歩きへんろは見るだけ〟

6番―安楽寺　温泉山・瑠璃光院
薬師如来
真言＝おん　ころころ　せんだり　まとうぎ　そわか
独り言＝Pの公共休憩所でひと休みして一考、お水の補給もできる

7番―十楽寺　光明山・蓮華院
阿弥陀如来

真言＝おん　あみりた　ていせい　から　うん

独り言＝食事処高級料亭の趣、外観で敷居が高い？　贅沢無縁のへんろだ

8番―熊谷寺　普明山　真光院

千手観世音菩薩

真言＝おん　ばざら　たらま　きりく

独り言＝偶然の縁!?　本尊ピカピカ！　読誦忘れて見入ってしまう！

9番―法輪寺　正覚山・菩提院

涅槃釈迦如来

真言＝のうまく　さんまんだ　ぼだなん　ばく

独り言＝奉納のわらじ！　我が足の靴！　今時とはいえ贅沢、贅沢、贅沢！

10番―切幡寺　得度山・灌頂院

千手観世音菩薩

真言＝おん　ばざら　たらま　きりく

独り言＝石段の数を数えながら耐えながら、ふと？　今なんどき？

11番―藤井寺　金剛山

薬師如来

真言＝おん　ころころ　せんだり　まとうぎ　そわか

独り言＝さあ！　行くぞ、竜眼を見つめて山道に挑むぞ

12番―焼山寺　摩廬山・正寿院
　虚空蔵菩薩
真言＝のうぼう　あきゃしゃ　きゃらばや　おん　ありきゃ　まりぼり　そわか
独り言＝大師堂、微笑む顔が温かい！　山道をしっかり歩いたご褒美か？

13番―大日寺　大栗山・華蔵院
　十一面観世音菩薩
真言＝おん　まか　きゃろにきゃ　そわか
独り言＝ひと山越えたが先はまだまだ長い、まずはひと息お手洗い

14番―常楽寺　盛寿山・延命院
　弥勒菩薩
真言＝おん　まい　たれいや　そわか
独り言＝岩の境内、ミニハイキング！　無心で一瞬を楽しむ

15番―国分寺　薬王山・金色院
　薬師如来
真言＝おん　ころころ　せんだり　まとうぎ　そわか
独り言＝境内の緑色石でひと休み　ここは阿波路のど真ん中……ほっ！

16番―観音寺　光耀山・千手院
　千手観世音菩薩

真言＝おん　ばざら　たらま　きりく
独り言＝参拝終われはすぐに次！　他の（団体）参拝のために……境内狭い

17番—井戸寺　瑠璃山・真福院
七仏薬師如来
真言＝おん　ころころ　せんだり　まとうぎ　そわか
独り言＝井戸覗き呟く、姿映るまで動かぬ！　先は長いまだ死ぬわけには！

18番—恩山寺　母養山・宝樹院
薬師如来
真言＝おん　ころころ　せんだり　まとうぎ　そわか
独り言＝本堂・エンマ大王のアンテナ？　仏式免罪符？　懺悔不要か？

19番—立江寺　橋池山・摩尼院
延命地蔵菩薩
真言＝おん　かかか　びさんまえい　そわか
独り言＝過去の一切を預けて往こう　関所寺超えて、懺悔の旅は今から

20番—鶴林寺　霊鷲山　宝珠院
地蔵菩薩
真言＝おん　かかか　びさんまえい　そわか
独り言＝本堂前　阿吽の鶴は　一声を　地蔵菩薩に　聞かせ続ける

21番―太龍寺　舎心山・常住院
　虚空蔵菩薩
真言＝のうぼう　あきゃしゃ　きゃらばや　おん　ありきゃ　まりぼり　そわか
独り言＝大師堂奥、心に高野山御廟を思い浮かべ、御法号

22番―平等寺　白水山・医王院
　薬師如来
真言＝おん　ころころ　せんだり　まとうぎ　そわか
独り言＝万病に効く霊水、まずは心を治すか！　お賽銭の両替ができる　次の札所への道（コース）は色々、今日はどの道にしようかな？

23番―薬王寺　医王山　無量寿院
　薬師如来
真言＝おん　ころころ　せんだり　まとうぎ　そわか
独り言＝心に念じる厄落とし33・42・61　お賽銭の両替ができる

次の24番札所まで、海辺の路が始まる

県境までの距離　約39・5㎞　9時間40分
県境から　約37・5㎞　9時間20分
計　約77・0㎞

所要時間　19時間00分

～厄除けで　身心軽く　なったのか　足と心が　話し始める～（そうでないと困る？）
～頬染めて　夕陽は先を　急ぎ往く～

二　四国の詩　修行土佐路・高知の道

一　目指す岬は遠くに霞む　波のリズムに心を揺らし
海辺の道を揺れてゆく　塩の香りを胸いっぱいに
夕陽の時を待っている　黄金の道を歩くため

二　向かう岬は霞んで遥か　磯に砕けて飛び散る波の
猛る唸りを聞きながら　今宵の宿は磯の上
荒い波音が心を揺らす　思い砕ける磯の宿

三　遥かな岬に心が向かう　磯の波音に心を乗せて
風に絡ませ聞いている　明日に思いを巡らせて

耐える心を確かめる　無常の縁をたどる道

四　岬回ればまた岬　今日も塩香に心を浸し
小鳥の声を聞きながら　近付く岬を引き寄せる
白波遠く音もなく　海辺は静かな夕の道

~赤めいて　夕陽は雲を　置いてゆく~

24番—最御崎寺　室戸山・明星院
　虚空蔵菩薩
真言＝のうぼう　あきゃしゃ　きゃらばや　おん　ありきゃ　まりぼり　そわか
独り言＝山門は両面仁王　求聞《ぐもん》持《じ》法《ほう》か？　この頃物忘れがひどい、何年・何月何日・何曜日？

25番—津照寺　宝珠山・真言院
　楫取地蔵菩薩
真言＝おん　かかか　びさんまえい　そわか
独り言＝ここの階段はゆっくりと……真言を唱えながらゆっくりと

26番―金剛頂寺　龍頭山・光明院
薬師如来（本堂参拝　諸仏に無心）
真言＝おん　ころころ　せんだり　まとうぎ　そわか
独り言＝本堂内陣仏の集会場!?　あちこち合掌、南無・南無・仏・仏

27番―神峯寺　竹林山・地蔵院
十一面観世音菩薩
真言＝おん　まか　きゃろにきゃ　そわか
独り言＝名水　厳しい石階段　写経堂　空海記　大きな大師像　あぁ色々

28番―大日寺　法界山・高照院
大日如来
真言＝おん　ばざら　だとばん
独り言＝本尊真言短いが？　真言とは？　その意味は？

29番―国分寺　摩尼山・宝蔵院
千手観世音菩薩
真言＝おん　ばざら　たらま　きりく
独り言＝断酒堂、へんろ中は禁酒に近い！　参拝見送り

30番―善楽寺　百々山《どどざん》・東明院
阿弥陀如来

真言＝おん　あみりた　ていせい　から　うん
独り言＝百々山だ！　善楽百々百々でも先は長い、結願まで百々歩き

31番—竹林寺　五台山・金色院
文殊菩薩
真言＝おん　あらはしゃ　のう
独り言＝山門から静かな参道　厳しい自然　石階段　時間があれば五台山

32番—禅師峰寺　八葉山・求聞持院
十一面観世音菩薩
真言＝おん　まか　きゃろにきゃ　そわか
独り言＝参拝後、土佐の海を眺める　のんびりとのんびりと

33番—雪蹊寺　高福山
薬師如来
真言＝おん　ころころ　せんだり　まとうぎ　そわか
独り言＝寺縁起標札を眺めながら、長宗我部元親の時代を思う

34番—種間寺　本尾山・朱雀院
薬師如来
真言＝おん　ころころ　せんだり　まとうぎ　そわか
独り言＝紫陽花の咲く頃、水路に沿って足を緩める　やすらぎのひと時

35番―清瀧寺　醫王山・鏡池院
厄除薬師如来
真言＝おん　ころころ　せんだり　まとうぎ　そわか
独り言＝手水所の名水！　ペットボトルに頂く、本当に美味しい清滝の水

36番―青龍寺　独鈷山・伊舎那院
波切不動明王
真言＝のうまく　さんまんだ　ばざらだん　せんだ　まかろしゃだ　そわたや　うんたらた　かんまん
独り言＝自然石段差の高い階段は、疲れ足に厳しい　水は美味しい

37番―岩本寺　藤井山・五智院
真言＝本堂に表示　五仏（不動明王・聖観世音菩薩・阿弥陀如来・薬師如来・地蔵菩薩）
独り言＝御本尊は五仏　椅子に腰掛け時間を掛けてひと息入れる

38番―金剛福寺　蹉跎山・補陀洛院
三面千手観世音菩薩
真言＝おん　ばざら　たらま　きりく
独り言＝巨岩山　貴石院の趣　石堀に掛かる金額推測、凄いな！
※展望台と周辺の散策。足と時間の余裕は？（コース注意）

39番―延光寺　赤亀山・寺山院

　薬師如来

真言＝おん　ころころ　せんだり　まとうぎ　そわか

独り言＝紅顔の亀、鐘を奉納　巨亀か？　神通力か？　正に奇伝説

県境までの距離　約14・3㎞（山道有り）

県境から　約16・7㎞（山道有り）

計　約41・0㎞

所要時間　約8時間10分

～遍路傘　叩く雨音　経の音～

～笑う足　寺が遠のく　車道～

～接待の　声に二人で　手を合わす～

～音もなく　海辺は静かな　夕の道～

三　四国の詩　涅槃伊予路・愛媛の道

一
山路の風は揺れながら　木の葉を鳴らす向かい風
汗ばむ頬に波打って　励ます様に寄ってくる
今を歩けと香る風　寺は近いと教えてくれる

二
草木の香り愛でながら　今を見つめる山の道
緑の木の葉に溶けて鳴く　小鳥の恋唄聞いている
風に揺られる梵鐘は　お寺の今を教えてくれる

三
小川の水音心に沁みる　今を感じる山の道
足音消える静けさに　心は透けて澄んでゆく
思いを込めた杖の音　88の道に刻み込む

四
日々一日の旅の道　暑い寒いと喘ぎ坂
心が透けて湧いて出る　心経衣身にまとい

足音消えた参道を　明日を思わず今を往く

40番―観自在寺　平城山・薬師院
　薬師如来
　真言＝おん　ころころ　せんだり　まとうぎ　そわか
　独り言＝高野山の方向を意識して参拝　街・山・海、涅槃道場は変化道

41番―龍光寺　稲荷山・護国院
　十一面観世音菩薩
　真言＝おん　まか　きゃろにきゃ　そわか
　独り言＝狛犬の守るはお稲荷さん　神仏習合・廃仏毀釈令を考える

42番―仏木寺　一𤥭山・毘盧舎那院
　大日如来
　真言＝おん　あびらうんけん　ばざら　だとばん
　独り言＝悉有仏性《しつうぶっしょう》～仏木寺～　仏の木はどんな霊木？

43番―明石寺　源光山・円手院
　千手観世音菩薩
　真言＝おん　ばざら　たらま　きりく

独り言＝お賽銭、大きな賽銭箱にそっと入れ

44番―大寶寺　菅生山・大覚院

十一面観世音菩薩

真言＝おん　まか　きゃろにきゃ　そわか

独り言＝88・二分の一だ！　龍口水の浄水が喉に沁みる

45番―岩屋寺　海岸山

不動明王

真言＝のうまく　さんまんだ　ばざらだん　せんだ　まかろしゃだ　そわたや　うんたらた　かんまん

独り言＝本堂参拝は直下の洞窟　ライト必携

46番―浄瑠璃寺　医王山・養珠院

薬師如来

真言＝おん　ころころ　せんだり　まとうぎ　そわか

独り言＝釈迦の説法石に腰掛けて、釈迦のつもりで自分を見つめる

47番―八坂寺　熊野山・妙見院

阿弥陀如来

真言＝おん　あみりた　ていせい　から　うん

独り言＝地獄・極楽出入りは自由　因果応報、教えるためか？

48番—西林寺　清滝山・安養院
十一面観世音菩薩
真言＝おん　まか　きゃろにきゃ　そわか
独り言＝境内清楚な手入、無欲な静けさは仏の慈悲（休憩所に感謝）

49番—浄土寺　西林山・三蔵院
釈迦如来
真言＝のうまく　さんまんだ　ぼだなん　ばく
独り言＝三蔵に超じて浄土に空なる也　意味なく何となく呟く

50番—繁多寺　東山・瑠璃光院
薬師如来
真言＝おん　ころころ　せんだり　まとうぎ　そわか
独り言＝早朝ラジオ体操をしている、地元の人たちを感じる境内で参拝

51番—石手寺　熊野山・虚空蔵院
薬師如来
真言＝おん　ころころ　せんだり　まとうぎ　そわか
独り言＝大師堂裏の洞窟に入り参拝　洞窟を抜けて先に進む

52番—太山寺　瀧雲山・護持院
十一面観世音菩薩

真言＝おん　まか　きゃろにきゃ　そわか
独り言＝山門～山門、長い参道に長者の縁起、その財力を感じる

53番—円明寺　須賀山・正智院
阿弥陀如来
真言＝おん　あみりた　ていせい　から　うん
独り言＝宗教・政治・歴史を今時、現状の立場で考えながら参拝（本堂の龍見えるかな～？）

54番—延命寺　近見山・宝鐘院
不動明王
真言＝のうまくさんまんだ　ばざら　だん　せんだ　まかろしゃだ　そわたや　うんたらた　かんまん
独り言＝トイレタイムダ！　一息入れる（長い真言、なぜだろう？）

55番—別宮山　南光坊　金剛院光明寺
大通智勝如来
真言＝なむ　だいつう　ちしょうぶつ
独り言＝納経所の心温かい応対に、いつも心が安らぐ（心が軽い！　次へゴーゴー）

56番—泰山寺　金輪山・勅王院
地蔵菩薩
真言＝おん　かかかび　さんまえい　そわか

独り言＝境内を支える擁壁はお城の様だ、お城のお寺だ

57番―栄福寺　府頭山・無量寿院

阿弥陀如来

真言＝おん　あみりた　ていせい　から　うん

独り言＝大師堂、後ろの大師像を前に見ながらの参拝　大師に参拝の姿を見せる？

58番―仙遊寺　作礼山・千光院

千手観世音菩薩

真言＝おん　ばざら　たらま　きりく

独り言＝山門〜山門、手摺に感謝　参道途中の弘法水、ありがたく飲んで美味しい（昔の仙人も？）

59番―国分寺　金光山・最勝院

薬師瑠璃光如来

真言＝おん　ころころ　せんだり　まとうぎ　そわか

独り言＝一言大師かなりの手垢、汚れ気にする潔癖症

60番―横峰寺　石鉄山・福智院

大日如来

真言＝おん　あびらうんけん　ばざら　だとばん

独り言＝星が森から石鎚山参拝　石楠花満開に縁あれば楽しむ

61番—香園寺　梅檀山・教王院
大日如来
真言＝おん　あびらうんけん　ばざら　だとばん
独り言＝二階の参拝は落ち着くが、歩きへんろは靴の脱着が大変

62番—宝寿寺　天養山　観音院（2020年現在・61番の第二P）
十一面観世音菩薩
真言＝おん　まか　きゃろにきゃ　そわか
独り言＝四国八十八カ所霊場会に所属していないので？

63番—吉祥寺　密教山・胎蔵院
毘沙門天
真言＝おん　べい　しらまんだや　そわか
独り言＝成就石、心鎮めて杖構え　おっと、その前に願い事を決めなきゃ！

64番・前神寺　石鉄山・金色院
阿弥陀如来
真言＝おん　あみりた　ていせい　から　うん
独り言＝境内中程のお不動さん、一円玉が大好きだよ!?　トイレ○　休憩所○

65番—三角寺　由霊山・慈尊院
十一面観世音菩薩

真言＝おん　まか　きゃろにきゃ　そわか
独り言＝涅槃の道最後のお寺、心は三角から真ん丸にする！

66番札所　県境までの距離　約11・8㎞　約3時間（山道有り、寺まで山）
県境から　約11・2㎞　約3時間20分
計　約23・0㎞
所要時間　約6時間20分

～笠の影　鐘楼下　余韻に揺れる～

四　四国の詩　菩提讃岐路・香川の道

一
願解如来の旅だから　涅槃成道《じょうどう》念じて歩く
幾多の試練乗り越えて　諸願成就の夢を見る
へんろの道は仏の道　いつしか心は透けてゆく

二　薄暮の森の道標　　心の先を教えてる
　　静かに流れる月明かり　　静かに歩く足元を
　　チラチラ照らしさり気なく　　旅の心を覗き見る

三　小鳥の声を真似ながら　　刻一瞬をたどる道
　　今日一日の縁ありて　　旅を重ねる安らぎに
　　思い忘れて山門で　　仁王に言葉掛けてみる

四　長い道のり手繰寄せ　　思いの数々思いつつ
　　今穏やかに笑みている　　心見つめる満願寺
　　経てきた時間を捨ててゆく　　88の道は心道

66番―雲辺寺　巨鼇山・千手院
千手観世音菩薩
真言＝おん　ばざら　たらま　きりく
独り言＝早朝の本堂は輝いている　五百羅漢像をのんびりと眺めるか？　予定の余裕を持っているか？

67番――大興寺　小松尾山・不動光院

薬師如来

真言＝おん　ころころ　せんだり　まとうぎ　そわか

独り言＝大師堂参拝・両方参拝の人もいる　宗派って何なのだろう？

68番――神恵院　七宝山

阿弥陀如来

真言＝おん　あみりた　ていせい　から　うん

独り言＝一境内で二カ寺参拝できる、楽だなぁ！　でも、納経所で支払いは×2

69番――観音寺　七宝山

聖観世音菩薩

真言＝おん　あろりきゃ　そわか

独り言＝楠の大樹、根本が凄い！　ひと息入れる　英気獲得するぞ！

70番――本山寺　七宝山・持宝院

馬頭観世音菩薩

真言＝おん　あみりとう　どはんば　うんぱった　そわか

独り言＝六文銭か？　別世界は物価変動のない世界？

71番――弥谷寺　剣五山・千手院

千手観世音菩薩

真言＝おん　ばざら　たらま　きりく

独り言＝鍛えた足が役立つ階段数、１０８鉄階段はアイデアか？　上り始めると階段の一部が、左側に傾いている様に感じる、登りは重く、帰りは軽い？　財布か？　ご利益か？

72番—曼荼羅寺　我拝師山・延命院

大日如来

真言＝おん　あびらうんけん　ばざら　だとばん

独り言＝この寺の桜は蜜がいっぱい　蜂が大集合する、蜜の香りが漂う

73番—出釈迦寺　我拝師山・求聞持院

釈迦如来

真言＝のうまく　さんまんだ　ぼだなん　ばく

独り言＝捨身伝記の奥の院　見上げながらの我、拝する

74番—甲山寺　医王山・多宝院

薬師如来

真言＝おん　ころころ　せんだり　まとうぎ　そわか

独り言＝空海幼年期の遊び場所か？　山頂の様子が気になる

75番—善通寺　五岳山・誕生院

薬師如来

真言＝おん　ころころ　せんだり　まとうぎ　そわか
独り言＝高野山の静に対して、生誕地境内は今を感じる動の気配

76番―金倉寺　鶏足山・宝幢院
薬師如来
真言＝おん　ころころ　せんだり　まとうぎ　そわか
独り言＝智証大師の像に、その昔の時代の背景が目に浮かぶ

77番―道隆寺　桑多山・明王院
薬師如来
真言＝おん　ころころ　せんだり　まとうぎ　そわか
独り言＝昼食のパンを目がけて鳩の襲撃！　トッホッホッ急いで盗み食いだ！

78番―郷照寺　仏光山・広徳院
阿弥陀如来
真言＝おん　あみりた　ていせい　から　うん
独り言＝参拝終われば先を急ごう！　ベンチが無いから

79番―天皇寺　金華山・高照院
十一面観世音菩薩
真言＝おん　まか　きゃろにきゃ　そわか
独り言＝白峰宮・崇徳天皇・天皇寺　納経所は？の人もいて

80番―国分寺　白牛山・千手院
十一面千手観世音菩薩
真言＝おん　ばざら　たらま　きりく
独り言＝大師堂、へんろ用品のデパートだ！　何でもある！

81番―白峯寺　綾松山・洞林院
千手観世音菩薩
真言＝おん　ばざら　たらま　きりく
独り言＝短足か？　疲れか？　階段差にひと苦労！　まぁ～急がなくても、88寺残りは少ない！

82番―根香寺　青峰山・千手院
千手千眼観世音菩薩
真言＝おん　ばざらたらま　きりく　そわか
独り言＝本堂に入る、回廊の暗さに心を鎮める　心で歩く静かなひと時

83番―一宮寺　神毫山・大宝院
聖観世音菩薩
真言＝おん　あろりきゃ　そわか
独り言＝大師堂参拝　鐘を鳴らしてくれる、嬉しいね～

84番―屋島寺　南面山・千光院
　十一面千手観世音菩薩
真言＝おん　ばざら　たらま　きりく
独り言＝昔は狸、今は猪の森（山頂は広くて、見どころ色々）
85番―八栗寺　五剣山・観自在院
　聖観世音菩薩
真言＝おん　あろりきゃ　そわか
独り言＝大師堂前、石柱の寄進金額に！　貧乏へんろの我が身に苦笑
86番―志度寺　補陀洛山・清浄光院
　十一面観世音菩薩
真言＝おん　まか　きゃろにきゃ　そわか
独り言＝あと少し、まずは他のお寺のトイレで身支度
87番―長尾寺　補陀落山・観音院
　聖観世音菩薩
真言＝おん　あろりきゃ　そわか
独り言＝ここまでのへんろ軌跡を思い出しながら、心込めてゆっくり参拝

注・コース色々～体力・気力・時間あるときは？

「ヘンロ交流サロン」でゆっくりする、88前の価値ある時間。
道の駅と道路を挟んで反対側にある「ヘンロ交流サロン」は、歩きへんろ文化の普及と発展継続を担うへんろ歴史の資料館、へんろ支援センター（結願前の休憩所・接待所・へんろ者の出会いと縁結び）としての役割もある。車へんろ、野宿へんろの休憩所等としても利用されている。結願前の「へんろ道コース」の分地点でもあり、開館日なら立ち寄ってみる価値がある。

88番―大窪寺　医王山・遍照光院
薬師如来
真言＝おん　ころころ　せんだり　まとうぎ　そわか

☆結願寺
☆結願所
☆まずは結願　感謝で締める　明日を忘れて心を満たす
～旅終えて　今の心に　今がある　思い新たに　命を見つめる～
～大師堂　主を離れた　金剛杖　人それぞれの　遍路をまとめる～

〜二人杖　大師と歩いた　思い出を　納めて残し　日々に旅立つ〜

旅終えて　足を見つめて　呟く

道が有った！

道を歩いた！

更に道を！

求めるか？

第三章　へんろ旅の日常

――へんろ旅、変化する心身の環境

生命現象としての記憶は、生命体の環境に即応する最高の能力です。しかし、実際問題として過去の現実化はできません。だから「悟り」等無縁だとわかってはいますが、それでも考える！　へんろとして考える。

考える事を楽しむのがへんろの利得であり、へんろとは生きる事、生きる事は考える事です。歩き続ける中、覚睡状態での深い思考には、心に内在する智慧の本性を解き明かそうとする願望の働きがあります。

覚睡での智慧と思考の対象は自我です。

自分（自我）心の中にもう一人の自分【自我・心】の存在を自覚するのです。目指すのはこの自我の、否定と肯定の絶対的な位置の獲得といえます。

そうした状況では、何も考えていない様でも周辺環境を常に把握しており、環境の変化、現象に速断即応できます。一方、悟ったかの様に見えても、自我と深く向き合えていない「疑似智慧思考」は、ただの思考停止状態に過ぎません。無心に見えるが偽の悟りで、そうした状態では周辺が全く見えていません。

時間とは時刻の連続継続する長さ（積・和）であり、空間の物差し。一切の存在は、空間に軌跡を残すもので、その存在の軌跡は記憶、軌跡は現象であるため、記憶もまた現象である――この考え方が「存在の真理は【時空の無常】?・」と考える思考の迷路を生みます。

この世は、定常の世界？　有常の世界？　わからない世界の事は考えない！

それでも気になる！　わからない事柄。これが苦の原因であり、わかる奇跡はしょせん幻影に過ぎません。

歩きながら、そんな悟りついての幻影を、形にしようと考えて歩いている。

これが私、深山無行の歩きへんろの実態であり、この章では歩き続ける中で見た物や事、人について書いていきます。

〜猪の　起こした小石　取り除く　ミミズの道は　静かな深山〜
〜いばら道　獣が成した　命の道　微かな跡に　影が漂う〜

一　路傍の風景

1　道案内手形の意匠

〜信仰の　心の形　標石　仏心永遠に　路傍に留まる〜
〜誰の手の　どんな形を　どこに置く　深い思いの　匠の意匠〜
〜行く先を　手形で示す　思いあり　心の言葉を　形に変えて〜

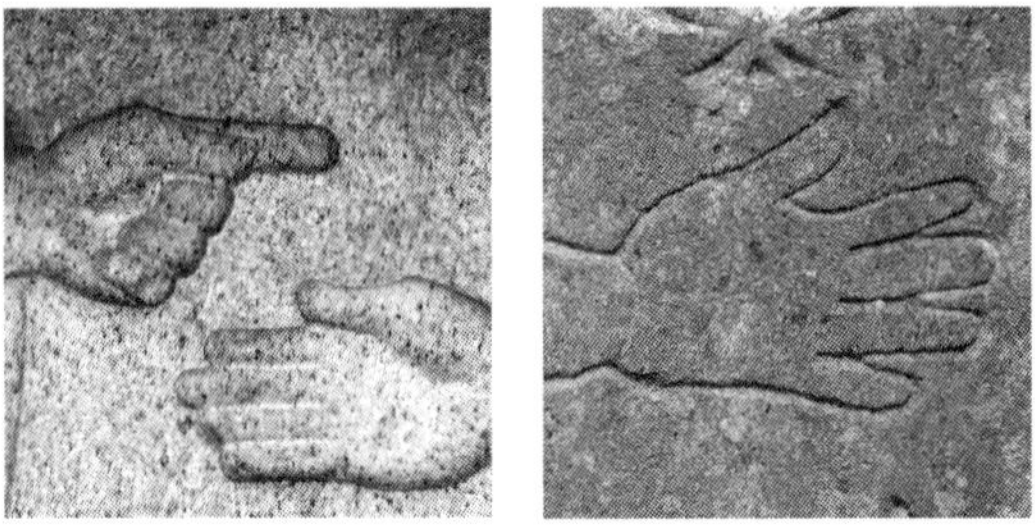
手形の意匠

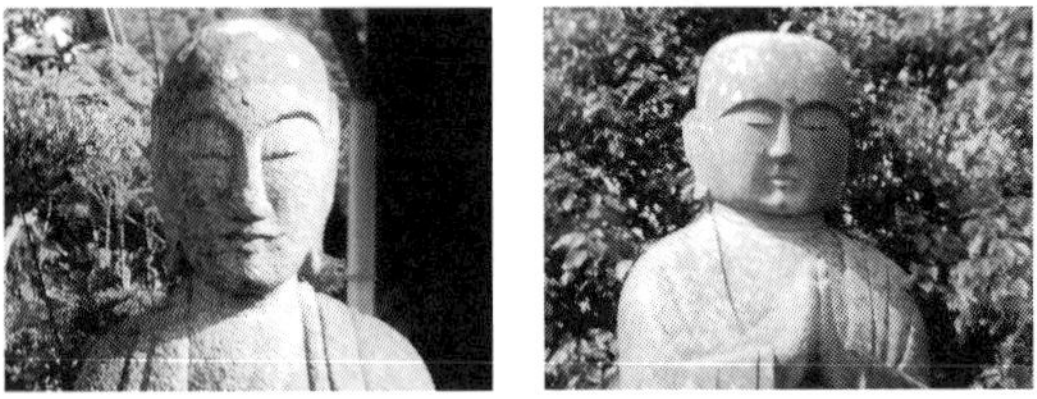
路傍の地蔵尊

多くの名も知らぬ先達が、後に続く私たちのために立ててくれた手形の意匠。へんろの想いは、時代を超えて続いています。

2　路傍の地蔵尊

〜地蔵さんに　心を見せて　手を合わす〜
〜地蔵尊　路傍で静かな　想い顔　無常の法を　見せて穏やか〜
〜地蔵尊　無常あらわに　その姿　命の旅のどこで会うのか〜
〜地蔵尊　何を見つめて　何思う　迷う命の心の居場所か〜
〜人間の　作った仏像　人心　見えない先の願いを託して〜
〜出会う縁　あれば地獄の　どこらかな〜

歩いている足が考えなくなったら、心の足が考えます。お地蔵さんは、そんなへんろの友達です。

3　遭遇した動物の死骸の数々

鹿・猪・犬・猫・狸・イタチ・へび・トカゲ・カエル・モグラ・カニ
烏・鳩・ツバメ・雀・その他の渡り鳥
アリ・ミミズ・バッタ・玉虫・クワガタ・カタツムリ・その他の虫たち

へんろへ出るという事は、俗世から離れてかりそめの死を体験するという事でもあります。道すがら出会う小さなものの死骸は、そんな事も思い起こさせてくれます。

4　その他の情景

歩いているうちには、路傍の標札も見えてきます。それら、へんろ道路傍の標書にも結構面白いものがあり、中には考えさせられる言葉もあります。

☆犬のフン・困る～ケン【県】？
☆嫌いや犬・困る犬・要らん犬・遺憾犬
☆犬のクソ・させるな！　犬の糞はウ～ンダ！
☆糞害に憤慨　犬のクソ！　クソッタレ！

☆愛犬のウンチ大切に持ち帰ってね？　うん？　運知？
☆ごみひろい・ごみ捨てない・心捨てない・ごみ堪らない。ごみ溜まらない（護美守神社）
☆大・中・小便・お断り
☆コラ～！　今見てるぞ！　立小便
☆お地蔵が並んでいる　↓仏・仏～二言地蔵さん
☆同行二人・三脚
☆無断・注射・禁止（病院前）

面白いのがペットについての標札で、「寺の境内は聖域！　ペットお断り！」と、へんろの立場で眺めてもっともと感じるものがあれば、その一方で「悉有仏性（全てに仏が宿る）・不垢不《ふくふ》浄《じょう》（汚いもなく、きれいもない）」と書いている寺は、きっと犬を飼っているのでしょう。寺それぞれがある様に、歩くへんろもそれぞれです。

～接待を　頼りに旅の　へんろ者　過ぎた日時の　自慢饒舌～
～山の道　ふと暖かい　静けさに　諸願一掃　常歩常楽～

札所をはじめ、へんろ道に沿って建つ寺社の多くには山門の仁王、鳥居や社殿脇の狛犬がいます。

その役割は、霊の存在する領域への出入口を示す門や鳥居にあって、境内に敬うべき価値のある存在がいる事を暗示するもの。単に出入りの規制という事ではなく、神・仏を守るために立ち入る人間がその場に相応しいかどうか、適格を監視する役割を果たしているのです。

～よたよたと　ポチに引かれる　老いた足～
～石標　犬の小便　受けて凛～
～犬の道　梅雨時もよう　標石～

路傍にはまた、多くの石碑が建っています。この写真もその一つで「光明真言・三億万回」

とあり、施主はこれを成し遂げたのでしょうか？　願意成就が気になります。

～一念の　思いに生きた　その時を　石碑が語る　心の姿～
～漂いて　昔の今を　語る風　南無の祈りを　呟く様に～

これら様々な路傍の風景で、特に心に残っているのは、90歳をゆうに越したとおぼしき老女が丹精込めて作ったお花畑です。
何気ない道端に、寄せ植えの赤い花が形作るハート型の弾む輝きが印象的でした。ひと目見て、ご主人との出会いの青春時代を表現していると感じたのを覚えています。

～花園は　若い血潮の　燃えし日を　老女が見せる　愛の育み～
～朝露の　路傍の園の　やわ風は　ひと時花に　まつわり漂う～
～紅の　ハートを囲む　花々に　蝶が絡んで　揺れる花びら～
～青き日の　想いの形　鮮やかに　心で紡いだ　恋の花園～

二　出会いの色々

1　お接待の色々

へんろをする身にとって、命の綱ともいうほどにありがたい「お接待」。色々な人々との出会いで、心が変わっていく事もへんろでの貴重な経験です。
ここでは、そんな出会いの様々について、思い出すままに綴っていきます。

～お接待　受ける施るも　同じ事～
～お接待　双方一会に　和む顔～
～接待の　声は二人で　笑みて受け～
～まず宝号　感謝で受ける　大師道　縁の不思議と　今を見つめる～
～接待に　心を込めた　納め札　時を忘れて　縁が深まる～
～くるま道　我が物顔で　車が走る　車の主は　ただの乗る人～
～接待の　声を聴いてる　疲れ足　休む時だと　感謝に揺れる～

道案内のお接待（70歳過ぎと感じるのんびりした方）

早朝、へんろ道の分岐点で、路傍の石に腰掛けている老人に声を掛けられました。

「毎朝ここで出会うへんろに、近道の案内接待をしている。道はこの先を左側手前下にだよ」

そこで「ありがとう、いつもお接待を？」と尋ねると、

「道案内は、健康のための毎朝の散歩途中で思いついたんだ、随分前からだよ」と明るく笑っておられました。

～遍路道　人が作った　心道　歩いて守る　人の往く道～

僧侶のお接待（僧衣に満ち足りた存在感あり）

行き違ったところ、わざわざ折り返してきて、声を掛けて下さいました。

「ずうっと歩いてへんろを？」という穏やかな声。

誘われる様に、「ハイ！」と会釈、返事をしたのをきっかけに過ごした穏やかな会話の時間。

僧侶としてのへんろ旅のアドバイスに加え、お接待だとお布施まで頂き励まして下さいました。

思わず「今日はお大師さんが一緒に歩いてくれていたのかな」と呟いたのを覚えています。

～功徳積む　心が見える　優しいお顔～

亡父に接待（40代男性で元気溌剌）

土砂降りの歩道の無い車道を歩いていた時の事でした。車が急に前を塞ぐので、びっくりしている私に、

「車に乗ってくれ！　親父と思って寺まで送る！」

とドライバーの男性が声を掛けてきます。

「こんな雨の中、こちらはびしょ濡れですし、車の中も濡れてしまう！　ご遠慮します」

そう答えたにもかかわらず、その方は熱心でした。

「駄目、駄目！　とにかく早く乗って、早く、早く！」

男性の気迫に押されて、とうとう車のお接待を受ける事にしたのです。レインスーツの雫と、吹き込む雨で車中が濡れるのを申し訳ないと言うと、男性は軽く微笑んで、

「濡れたら、乾かせばいいんだし。目の前で、ずぶ濡れで歩くへんろさんを見て、へんろをしていた親父を思い出したんだ」と言います。

「死んだ親父のへんろも大変だったろうと思うと、今、親孝行している様な気持ちだよ」

聞けば、今日は雨で仕事が休みとの事。

「家でゴロゴロする予定が何となく車に乗って、親父を思い出す事になった。乗ってくれて、ありがとう！　親父の供養をした気持ちだよ！」

そんなふうに言って下さり、その後はお父さんとの過去の関係や、今の仕事の話等、車中ずっと会話が途切れる事がありませんでした。

～雨車道　親の供養と　弾む声～

早朝、老女のお接待（細身でのんびりふらふらと）

まだ、へんろを始めて間もない頃の事でした。朝5時過ぎの薄暗い公園墓園の道を歩いていると、一人の老女がふらつく様に寄ってきました。

「おへんろはん、お接待します」

見れば、エプロン姿、手ぶらで早朝の散歩の途中と感じられました。

「ハイッ」と返事をしたものの、「お気を付けて」の声掛けお接待かなと後の対応に迷っている私に、老女は無言のままいきなり手の甲を上に握りこぶしを突き出してきます。

反射的に、上向きに開いた手の平に百円硬貨がポトン！　その硬貨は、握りしめた老女の手の温もりで温かくなっていました。

　驚いて感謝の言葉を口にする私に、老女は無言、無表情のままゆっくりと歩き出します。

「あの～、へんろを始めたばかりで白い納め札ですが、よろしかったら」と差し出すと、老女の表情はぱ～っと明るくなり、いきなり饒舌になりました。

「おへんろはん！　ありがとう！　実は明日が亡き夫の命日なんです！　毎年の事でね、前日の最初に出会ったおへんろの納め札を、仏壇に供える事で供養をしているんです」

　そう一気に話す顔が、本当に嬉しそうだったのを覚えています。

「ああっ良かった！　これで明日、夫の七回目の供養ができます、ありがとう」

渡した白い納め札を握りしめて遠ざかる老女を見送る、私の手の中には、なお温かさに満ちた硬貨が残りました。

～縁ありて　一期一会に　笑みて合掌～

亡き母親の遺言（自営業？の忙しそうな50代、エプロン姿の女性）

こちらも早朝の事。忙しそうに仕事の準備をしていた女性に、手招きをされました。

「ちょっと待ってて！」とひと言、そのまま家の内に消えてなかなか出てきません。

お接待と思ったのはこちらの勘違いかな、と再び歩き始めると、また声を掛けられました。

「ア～良かった！　おへんろさん見て、思い出したんよ！　今日が母の命日だって！」

聞けば、長年にわたりへんろをしていた母親の遺言で「自分の命日には、朝一番に出会ったおへんろに接待をして、納め札を仏壇に供えてほしい」との事。

「『それが私への一番の供養』って言ってたのを、へんろさんを見て思い出して、あぁ～良かった！　ありがとう！」

ありがたくお布施を頂き、胸の内で「南無大師遍照金剛」を唱えました。

～迷い道　出会う縁あり　街の道～

車の接待　その一（話好き、プロの風格に満ちた運転手、がっちりした体つきの70代？）

「乗っていかないかい！」と、横に止まったタクシーから声を掛けられました。

プロならば、こちらが歩きへんろというのは見てわかるだろうに、どうして？と返事の言葉を探していると、

「お金はいらないよ！　お客を送っての帰りは空車だから、遠慮はいらないよ！」

聞けば、農業しながら農閑期はタクシーに乗務、今日は業務終了で自宅車庫に帰る途中だという話です。

「時々お接待しているんだ、回り道もＯＫだよ！」

ありがたいお言葉に、遠慮なく乗せて頂きました。贅沢で楽ちんなひと時、感謝。

車の接待　その二（お寺にいた老人、80代？）

寺での参拝を終えた私へ、その老人は声を掛けてきました。

「わしは近くの農家の隠居で、今から次の寺近くに用があるのでどうぞ！」

せっかくのお言葉に、車に乗せてもらいました。

「3年前に連れ合いが亡くなり、さしてする事もなく、80歳になった。日々〝息子〟の元気もなくなり、寂しい思いをしている」

道々、そんな話を聞くうちに、

「へんろはんは元気そうだなぁ、どのくらい元気かい!?」と、いきなり股倉をグイッと掴まれたのには、さすがにびっくり。

え!?　え!?　あの！　いやあ～驚いた！　〝息子〟の隠語に気付くのが遅かった様です。思うにこの老人、元気そうなへんろから精気を貰おうとでも、考えていたのでしょう。へんろをしていると、こういう妙な人とも出会います。

車の接待　その三（軽トラを運転する農家の男性、80歳くらい）

この時も声を掛けられて、トラックに乗せてもらいました。聞けば、農閑期は毎日の様に、その場所でへんろを待って車のお接待をしているとの事。

「最近はへんろが少なくなって、今日は初めての接待だ」

次の寺までは約7㎞もあります。にもかかわらず、こちらよりもほっとした表情を見せる相手に、納め札を差し出すと、

「ありがとう、老後の今は納め札を集めるのが楽しみの一つなんだ」

と、ダッシュボードを開けて取り出したのは、すごい数の納め札の束。

「ざっと数百枚はあるよ！　外国人の札もあるんだ！」

嬉しそうな笑顔が優しい人。慣れた庭の様な道でも無事故でと、へんろとして思わず日々の無事を祈りました。

神通力のお接待（50歳くらいの女性、黒ずくめの服装）

早朝、薄暗く人の気配のない広い境内、その闇に溶ける様な黒ずくめの一人の女性が静かに近付いてきました。

「この様な早い時間に参拝している貴方に、元気でへんろができる様に祈禱してあげます！」

その女性は、自分は神の降臨で神通力を得ていると言い、

「歩きへんろの貴方には、特に足を中心にお祓いしましょう！」

せっかくの申し出、巫女らしい女性の持つ鈴で、足・腰・全身のお祓いを受けました。女性は私を気遣ってくれましたが、私が思うに彼女は心理的に神を信じる位置から動けない状態のままの様で、むしろこちらが気遣う気持ちになりました。

五円玉＝ご縁の接待（90歳過ぎ？の小太りの老女）

日向ぼっこしていた老女が、こちらに気付き、声を掛けてきました。

「おへんろさ〜ん、お賽銭のお接待です！　歩きにくいので、こっちへ来て〜」

少し脚が不自由の様で、こちらからうかがうと、両手いっぱいの5円玉を下さいます。

「えっ！　こんなに沢山の5円玉、頂いていいんですか？」

そう尋ねる私に老女は淡々と、

「この沢山の五円玉は【大師・貴方・私】の【五円＝ご縁】となるお賽銭です。そのために貯めたのです。貴方はお大師さんと歩いているのだから、私と二人で【ご縁】のための参拝に使っ

て下さい」

お言葉に感謝し、ありがたく頂きました。こちらが渡した納め札を見ながら、

「大師さんの受け取り証」と呟いている老女の姿に、へんろ人ではなく、その背景を意識しているのを強く感じたものです。

悪い所を治す接待（地元の人らしい50代のいかつい男性）

寺のベンチで食事中、一人の男性がいきなり横に座りました。並びに空きベンチがあるのになぜ?と反射的にベンチの端に寄り、パンを食べながら会釈をすると、

「お接待で、体の悪い所を治してあげている。へんろはん、悪いところは?」

いきなり聞かれて、ちょっと変わった人だなと感じました。

「まあ、今のところはないなぁ」

「ほんとに?　ほんとに?」

絡む様に顔を寄せてくるので、軽い冗談のつもりで、

「まぁ、あえて言えば頭かなぁ」と言ったとたん!

男の大きな手で、いきなり頭を叩かれたのです。

えっ!?　何!?　驚きのあまり、喉からパンが飛び出しました。

「いいよっ!　いいよっ!　ありがとう!　もう治ったよ!」と、必死で大きな手を払いのける私。

「本当に治った？　ほんとに？　他に悪い所はない？」

そう言って、相手はなおも手を近付けてきます。

「ほんとに！　ほんとに！　治った！　今、悪い所はどこもない！　ありがとう！」

これ以上叩かれたらかないません。必死で言うと、男は不思議そうな顔で立ち去っていきました。

ああ！　本当に驚いた〜！

〜接待の　形変われど　大師道　緩むひと時　旅は色々〜

豚の餌？（長靴・作業服で元気いっぱいの60代男性）

冬の朝の6時過ぎ、街外れの曇って薄暗い静かな車道を歩いていると、軽トラが近付いてきました。

「パン、食べるかい？」。運転している男性に聞かれ、

「えーっ！　はい！　パンは食べますが？」

そう答えると、男性は後ろの荷台を指差しました。

「じゃ、沢山パンをあげる。欲しいだけ、いくらでも持っていっていいよ！」

見ると、そこには大きな不透明ビニール袋が3個載っています。

「アンパン類はこの袋、食パン類はこれ！　こっちの袋は色んな菓子パン！　ビニール袋をあ

げるから、さあこれにどんどん入れて！」

「ありがたく頂きます！　でも、どうしてこんなに多くのパンがあるんですか？」

感謝する私に、男性は事もなげに言いました。

「あぁ、これはなっ！　豚の餌にするため、何軒ものパン屋さんから廃棄処分のパンを定期的に貰ってるんだけど、今日はいつもより少し多いので接待するよ！　遠慮せずに好きなだけ持っていって」

という事は、これって豚の餌のピンハネ？　そんなふうに思うと、ありがたい事ながら、食べる時に少しばかり喉ごしが悪かったのを覚えています。

～接待も　色々ありて　心旅　いつしか慣れて　へんろの気分～

声掛け接待の色々

お接待は、形のあるものとは限りません。一番身近なのは、言葉を掛けて頂くお接待。私自身、色々な所で様々な人から言葉のお接待を受けましたが、通りすがりの何気ない声掛けや会話が深く心に残り、力強い励ましにもなりました。

ここに、そのいくつかを——。

「長年？　何十回もへんろを？　悩みが多いんだなぁ、まあ頑張りや！」

「午後は雨が降る予報が出ているよ、お気を付けて～」

「お疲れ様」「お気を付けて」「お元気に」「頑張って」
「あと○○km」「あと○○分」（しんどい時は嬉しいもの）
「次のお寺は○○行ったとこ」（慣れない内は道案内が助かりました）
「はいっ！　お接待！」（ドリンクや、果物や、お菓子等、多くの人に色々な場所で渡されました）
「販促用で遠慮は要りません、どうぞ！」（早朝、牛乳配達の車からお接待、美味しかった）
無言の声掛けもあります。へんろ正装の男性が笑顔で軽く会釈してくれて「さぁ！　これから○回目のスタートだ！　お互いに頑張りましょう！」という気持ちにもなったものです。

～お接待　双方笑顔で　和む道　心と言葉が　弾み漂う～

お喋りのお接待（30代と思しき、ふっくら女性）

「お接待です！　いつからへんろを⁉　なぜへんろを⁉　へんろの目的は何⁉　ご利益は⁉　私にもできますか⁉　へんろの仕方は⁉　準備は⁉　季節は⁉　お金は⁉」

いやはや驚きました。駆け寄ってくるなり、機関銃の様に、次々と一方的に話し掛けて、一切口を挟ませないしゃべくり！

……このままでは、先に進めないし、動きが取れない！　そう思いつつ、ひと言も答えができないうちに、やがて、

「あら！　丁度いい時間なった！　今日は暇だったもんで、おへんろさん、お気を付けて～」

言葉のお接待はありがたいものですが、この場合は、お接待の言葉でへんろの足止めをして暇つぶし——30分以上、こちらが暇つぶしの逆接待には、「丁度いい休憩時間になった」と思うしかありませんでした。

～雑念を　一掃努力の　へんろ旅　足は痛むし　腹はペコペコ～

へんろの接待（へんろの強者？　50代の男性）

結願となる88番大師堂での事、心中写経での読経参拝が終わった時、参拝中に気配を感じていた後ろの参拝者に声を掛けられました。

「へんろ同士の接待はいけないんでしょうか？」

「特にルールは聞かないし、人それぞれの考え方で良いと思いますが」

そう答えると、

「今、後ろから参拝を見ていて、とても良い参考になったのでお接待させて下さい！」と、お布施を頂きました。

参拝の場所が場所だけに、「これはお大師様のお接待だ！」と思わず呟いたものです。

時には、この様にへんろ同士の接待というのも受けた事がありました。１０８回のうちには「なぜ、へんろを？」と考えたくなる様な色々な人と、出会ったものです。

「お接待で貰ったが、好みのものでないし、ザックが重いのでお接待します！」と言う人。

「変わった杖を突いているので興味を持った」とか「渡した納め札のテーマが気に入った」と自分もへんろの道すがら、お接待してくれた人。

酒に酔った二人組のへんろに絡まれ、やんわりたしなめると「すまなかった！」と賽銭のお接待を受けたり、「自分は貧乏へんろ、気持ちだけのお接待がしたい」と１００円硬貨を頂いた事もあります。

もちろん納め札の交換もなく、目と目、心と心でほんのりわかり合う関係もあり、山道の手入れ中に出会った相手と互いに軽く目礼する時等は、心に染みるお接待という気がしたものです。

～お接待　大師の道で　出会う縁　心で合掌　今ありがとう～

猪肉のご馳走（余生はボランティアの日々という80代老人）

この方は、長年お接待をしているという事で、「是非に」との言葉で宿泊お接待を受けました。

食事の際に出された猪肉は「罠」「鉄砲」を使わず、飼っている二匹の猟犬が害獣駆除として狩をしたものなので「殺生にならないと思っています」との事。

「へんろ者として食うか食わないかは、ご自分で決めて、よかったらどうぞ」と言われ、美味しく頂きました。

ホテル・オーナーのお接待（オレンジ色の変わった車を運転、存在感のある60代男性）

「風呂に入りにおいで、泊まる部屋もあるから待ってるよ」

道すがら、わざわざ車を止めての声掛け、場所とお名前を教えて下さいました。

その折、お接待に頂いた弁当のお礼も兼ねて訪ねてみて驚きました！　そこは立派なホテルで、声を掛けてくれたのはそのオーナーだったのです。

ひと目見て、身分不相応と遠慮して引き返したのですが、なんと翌日にまたお会いし声を掛けられました。

「待っていたのに来なかったけど、今夜は必ずおいで！」

笑顔で会釈を下さった、車に同乗の女性は女将さんでした。

この方には、以後、幾度もお世話になりましたが、生来、気の小さい貧乏へんろの事。贅沢なお接待に、甘えきれなかったのを恐縮に思っています。

風呂と食事（犬と散歩中の、貫禄がある60代の男性）

年間に何度か、拠点として駐車する公園で、声を掛けてくれた男性は近くの団地の町会長さんでした。

「待ってるよ！」とのメッセージが、車のフロントガラスに貼り付けてありました。

お言葉に甘えてうかがうと、

「まずゆっくり風呂でくつろいで、それから飲みながら、話しながら、食べながらだ」

顔の広いこの町会長さんは、料理上手な女性と一緒にいつも楽しい食事会を用意してくれます。

本当にありがたく思っています。


お金のお接待（ハツラツとした、心身の豊かさを感じる30代？）


こんな事もありました。高級車から、若く清楚で感じの良い女性が降りて近付いてきます。

「何回目？　30回を越したところ？　そんな感じね！　これ！　お接待」

見るからに高級な財布から、手が切れる様な千円札一枚、無言合掌で拝受しました。

心中感謝の心でいっぱいながら、貧乏へんろは思考停止。申し訳ない事に、お礼の言葉も十分に伝えられませんでした。


福耳にお接待（近くの住民？）


小雨に濡れながら、路傍の自販機でドリンクを買っていると、中年の女性から声が掛かりました。

「おへんろさんの耳は福耳、お布施させて頂くわ！」

と、上品な言葉遣いの女性です。

しばらくしてから布施袋の中を覗くと、びっくりする様な大金！　思わず、我が耳を撫でたものでした。

お大師様の縁と（農業者だという、自然体で話す60代男性、神仏への信仰心がある感）

この方とは、同じ日に全く別の場所で二度出会いました。

「この出会いはお大師さんの縁だと思う、話をしたいので是非とも家に来て下さい！」

もっともな事と思い、お言葉に甘えると、

「私は昔から沢山のへんろの接待をしてきたが、体調不良になり、結果として因果応報の想いがなくなり、今はやめているんです」

聞けば、糖尿病で透析を受けている現状で、先々の事を心配しているといいます。

善根が報われず、迷われる事もあったのでしょう。如何せん当方はただのへんろ、頼りない大師様の代理で、心に浮かんだ事をただ話しただけでしたが、話題は広範囲な人生のあり方等に及びました。

以後、何度も泊めて頂き、奥さんの美味しい手料理をご馳走になって、夜遅くまで話が弾んだものです。出会いそのままに、不思議なご縁を感じています。

納め札要らない

お接待はするけれど、こちらからの納め札は要らないという人はかなりいます。その理由として一番多いのは――

「納め札を貰うと後の処分に困る」

「札の図や文字が特別に感じられて、ゴミ箱に捨てるのは気が引けるから」というもの。

そんな時には、納め札はへんろの名刺の様なもので、要らなくなったら日常の名刺と同じ様にゴミとして処分して良いものだと説明。

それでも気になる時は、神社、お寺の処分用の箱に入れるか、塩で清めて捨てる（葬儀での所作と同じ）を参考にして下さいと話す事にしています。

皆さん、お接待の土地柄ならではのお悩みです。


作務衣のプレゼント（命を見つめて愚直に生きている感じの60代男性）

一方、こちらの方が思わぬ頂き物をする事もあります。がん闘病中という、その男性と出会った時は作務衣を頂きました。

「あなたと一緒に参拝のつもりでいるから、是非とも使って下さい」

そうおっしゃって下さいましたが、実のところは作務衣となると僧侶の真似をした偽物へんろと思われる様な気がして、ただの歩きへんろには着にくいものです。

それでも1年間、ぼろぼろになるまで着て、男性との約束を果たしました。


身の上相談（神仏信仰に篤い、顔見知りの50代女性）

「家の床の間に古くからある七福神の掛け軸の一人だけ、時々顔突き出して笑ったり、話し掛けてくる」

長くへんろをしていると、お接待は受けるだけでなく、こちらからする場合にも巡り会います。この女性からの相談も、こうした逆接待の一つでした。

「気になるので知り合いの先達さんに相談したら、信心が足らんからだと言われて一緒にお寺参りをしたが、少しも変わらない、どうしたら良いか教えて下さい！」

私などに何がお答えできるだろう、とは思いましたが、真剣に悩んでいる様子に、自分なりのご返事をしました。

「貴女の心の奥深くに存在している、普段は無意識的な意識、潜在的意識が日常に出現したのでしょう。貴女の心の自由度が増し、心の扉が開きやすくなったのだと思います。

心の内にある思いが外側に現れる現象で、自分の心と心が語り合うなんて素晴らしい事だと思いますよ！」

その様にお答えしたところ、彼女は無言で立ち去っていきました。

後日、思いがけない場所で出会った彼女は、ニコニコ笑顔で、のし袋を差し出すと、

「これ！　お布施のお接待！」

何とも面映ゆい気持ちでした。

〜へんろ道　88を繋ぐ　しるべ笠　大師の影と　観じ見る人〜

〜ひたすらに　88深山を　歩いている　峰を思いて　足を見つめて〜

これも逆接待？（細身長身で色白、眼の澄みきった70代女性）

少し暑さを感じる初夏の昼前、先を急ぎ歩いていると後ろから女性が追い掛けてきました。

「冷たいお水でも飲んで、休んでいって下さい！」

急いでいましたが、思いのこもった雰囲気に引き戻される様についていくと、

「私は絵を描いています。画廊いっぱいになった絵画を見てほしいんです」との言葉です。

困った！　不調法で絵画を見てもわからないし、先へ進めない！と思い、

「すみません、絵は全くわかりませんので」

「では、話しでもしながら休んでいって下さい」

仕方がない、今日は予定変更と腹を括りました。

出してくれた氷いっぱいのジュースを頂くうちに、彼女の身の上話が始まりました。居合わせたご主人と彼女は、昼時なので出前の弁当を食べながらです。

内容は、彼女が脳腫瘍になり絶望した日々、苦しんだ闘病の過去から現在の生活までの経緯等々。そして、特に趣味の絵画に取り組む事になった経緯を、とつとつと話されます。

その間、ご主人はうつむいてじいっと聞き入っていました。そうする間に、コップの氷は溶けて水も無くなり空っぽになるも彼女は夢中で、話の内容は発病から今日までを支えてくれた、夫、息子、家族に対する熱い感謝の思いへと移っていきます。

ご夫婦に感謝の言葉で見送られた頃には、再び喉が渇き始めてから、なお1時間程が過ぎていました。

思うに、彼女の目的はへんろの接待を方便として、感謝の心を言葉にして家族に伝える事だったのでしょう。日常生活で身近な家族に、感謝の心の思いを言葉にして表現する事の難しさ。それを彼女は、私というへんろに話すふりで克服したのです。

彼女にとって一つの願意成就に繋がったわけで、私としては良い逆接待をしたと思っています。

～お接待　するもうくるも　同じ事　四国旅路に　慈悲の風～

老女と納め札（お寺で参拝していた、90歳を優に超えたと思われる老女）

「おへんろはん、お接待するけん、ちょっと待って～」

そう呼び止められて、立ち止まりました。見ていると、巾着から飴玉を苦労して取り出してくれるのですが、その動作が一個、一個、また一個、ゆっくりとゆっくりと。

その日は先を急ぐ事もあり、困ったなと思っていると、同行の男性が穏やかに話し掛けてきます。

「母親なんです、相手してやって下さいますか。今日は頼まれて、お供で菩提寺の参拝です」

そう言って、ご自分もへんろをされ、現在３８０回以上（40年以上）で今も続けておられると話してくれました。

えっ!?　じゃあ、錦の納め札!?　へんろを始めたばかりの私の白い納め札なんか……。そんな、こちらの思いが顔に出たのでしょう。

「母は息子の私の錦の納め札より、自分でお接待してもらう納め札の方が嬉しいんですよ」

息子さんの言葉通り、こちらがおずおずと差し出した白い納め札を、老女は嬉しそうに握りしめ、くしゃくしゃにして宝袋の巾着に入れています。

「おへんろはん、ありがとう、ありがとう、今日はお参りに来て良かった！」

独り言の様に呟きながら、息子さんと手を繋いで参道をゆっくり下っていかれました。

〜紅葉の　深山の風に　流されて　心を揺らす　梵鐘の波〜

朱印確認（どっしりがっしり、貫禄を感じる中年女性、元気な60代？）


こんな事もあります。大きな邸宅の前で、お菓子のお接待を受けた際に「回数は？」と聞かれました。

「50回を超えました」と正直に答えると、

「じゃぁ、納経帳（朱印）は真っ赤っかのはずだ！　見せて下さい！」

私自身は朱印に執着がなく、頂くのは十回に一回ほどで、その時の納経帳は4冊目でした。

その旨を、また正直に言いますと、

「見たくなくなった！　回数を誤魔化す嘘つきへんろは多い！」

睨みつけられましたが、貧乏へんろの身ゆえ朱印集めには拘らず、内心少しも恥じる所もないので、ハッハッのハ〜！でした。

昔のお接待を教えてもらう（余生を楽しんでいる、90代の老人）

へんろを始めて間もない頃、道に迷った時の事です。地元の古老に出会い、昔の接待の形を教えてもらいました。

それによると、子どもの頃に記憶している昔のお接待は、春、へんろが来る時期になると、集落共同で接待用のお餅をついて準備をする。餅は二種類あり、接待用と売り物用（季節的な収入）だったそうです。

接待用のお餅をどの様に扱い、売り物用のお餅を如何に沢山売るかについて話をして下さいました。

接待の裏の実態は色々で、要約すれば地元住民の生活環境を守る背景もあるという詳しいお話が、印象に残ったのを覚えています。

～御宝号　念じる遍路の　いのち旅　思いは今も　語り継がれる～

猫のお接待（公園で、犬ならぬ猫の散歩をさせている50代女性）

立ち寄った公園で、連れていた猫と仲良しになり、お接待を受ける事になりました。

「猫が迷子になって、探していると猫が猫を呼び寄せて、ほら！　今は４匹」

言われて覗いた自動車の中は、まさに猫のホテル状態でした。

その時はお米のお接待を受け、その後も会うたびにお米やその他のお接待。世間話も楽しく、歩く動物愛護センター（ただし猫専科）の様な素敵な女性です。

特別なお接待（登山・へんろ・観光旅行・へんろの接待と、何でも積極的な60代男性二人）

へんろで知り合い、へんろの期間中に食事・温泉・宿泊・飲み会・登山等の支援を頂きました。

特別なネットワークで、特別なお接待をしているお二人とは、会えば飲み会。楽しい話を聞きながら、沢山のお弁当・野菜・果物・お米・ビールその他を色々いつも頂いたものです。あげく、毎回、風呂・お酒・手作りの食事でゆっくり泊まらせて頂きました。

へんろ道の倒木処理や、道の手入れをする際にも力を貸して頂く等、へんろから遠ざかった今も、お世話になった感謝の心はなくなりません。

夜空の星の位置で時間がわかる男性

この方は、野宿のテントでも、自宅の窓からでも星が見えたら時間がわかるといいます。季節と星の位置で現在の時間確認をし、特定した星に名前を付ける、後は星を見れば時間がわかるのだそうです。

私もその秘訣を知りたいと思いましたが、とうとうわからず仕舞いでした。

コリアン・アーミー（サイクリング旅行中の30歳前後と思われる男性）

明るく健康で存在感のある、コリアン・アーミーに出会った事もあります。

自転車を止め、英語で話し掛けてきたので「英語は話せない」と伝えると、少し先の車両待避所で待っていました。ザックから韓国製のチョコレート菓子を取り出して話し掛けてきますが、「お接待？」と尋ねるこちらの言葉がわからないらしく、身振り手振りでお菓子をプレゼントするとの意識表示をしてくれます。

「自分はコリアン・アーミーで、不審者ではない」と繰り返すので、「ありがとう」と手を差し出すと、彼はいきなり菓子袋を引き裂いて3個程食べ始めました。

「このお菓子は安全です！　毒味は私、コリアン・アーミーがしました」というつもりなのです。

「さすがはアーミー、訓練十分」

笑顔で走り去る後ろ姿を見ながら、思わず呟いていました。


自然界からのお接待（窃盗にならない様にくれぐれも注意！）

へんろの際にお接待をしてくれるのは、人間だけではありません。
草イチゴ・ばらイチゴ・ヤマグミ・ヤマモモ・サクランボ・イタドリ・椎の実・山柿・びわ・桑の実・山栗・山椒・フキ・ノビル・リラ・接待木（へんろのため）のミカン・梅・タケノコ・クマザサの芽・茶葉・柔竹の芯・キノコ・スイ葉等々
これらの内、明らかに自然実生と考えられ、管理されていない場合の路傍の果実は、へんろにとってありがたい恵みです。

そしてもちろん、木陰・そよ風・小鳥の声も、へんろの心身を癒す素晴らしいお接待だったと今も感謝しています。

2　出会いの縁

へんろ旅では、ここまで書いてきたお接待の方たち以外にも、色々な人たちと出会いました。そこで感じた事は、人はまさに十人十色で、その性格や個性は生活環境の影響を受けた結果生じた、生き方の違いではないかという点です。

たとえば、短所を武器（売り物）にして生きていると感じる人に出会う事がありますが、短所と長所はコインの表裏という事を思います。

すなわち、短所・長所とはどちらも生活環境に適応する能力で表裏一体。ただ、短所を武器として生きるのが智慧ある生き方、素晴らしい生き方なのか?というと、それはそれで疑問です。

個性や人間性についてはよくわかりませんが、性質は性格を生み育てる土壌か親か?という事を、強い心の個性的な人に出会って、いつも感じます。ただ、間違いないのは、存在感がある人は、優しく、温かく、穏やかで、大人しく、そして一瞬の輝きがあるという事です。

へんろをしていてしばしば出会うタイプに、威風堂々と度胸・根性を殊更に強調する人があります。

そうした人に会うたびに思うのは、成熟した心に向かって発展途上中、成熟過程の人なのかな？という事。未熟な心から生じる言動には、強がり・威嚇・見栄・暴力・悪口・不邪見・いじめ等があるのではないかと思います。

心の弱い、未熟で成長過程の人は、いばり・怒り・威圧的に心身の強さを見せて、威嚇し、存在を主張するのでは、と感じるのです。

へんろの達人？（僧衣風の出で立ち、悟り切った雰囲気の60代男性）

「私はへんろの達人だ」と言うへんろ者に出会いました。そんな彼は、堂々たる雰囲気で存在感をアピールしてきます。

「〝私〟は川柳・俳句を創りながら、本を書くためのへんろ旅をしている！！　君は何のために？　へんろを？」

それに対して、私は何かを言い掛けましたが、それを意識的に無視して、彼は独善的大声を吐き続けました。

「まあ、私は40年以上の本物のへんろだ！　私を超えるへんろはいない！」と胸を張る様子を見て、自分以外のへんろは全て偽物だと断言しているのを感じました。

話によると年二回、春と秋に歩きへんろを四十数年続けて一度も欠かした事がなく、その間ずっとへんろの心を持ち続けている特殊なへんろだと自負しているのです。

「君もただ歩くのではなく！　何か目的を持って！　何かをしなさい！」と、命令的な言葉を残して彼は立ち去りました。

結局、最後まで会話は成立しないままです。

～縁ありて　出会いの瞬に　杖で合掌～

長年にわたる道直しを自慢（80代の老人）

「何回へんろをしてる？」

老人からいきなりそう聞かれ、「50回程かな」と答えると、いきなりどやしつけられました。

「50回、60回も回ったと言う者には、ろくな者はおらんのじゃ！　へんろは回数でなく信仰心がどれだけあるかが大切なんじゃ！」

後は、ひたすら怒り続け、吠え続け、こちらの事に耳を貸そうともしません。

「何十回歩いたと回数を自慢する者が多いが、皆嘘つきじゃ！　回数を誤魔化してへんろぶる〃嘘つきへんろ〃に、むかつくんじゃ！」

果ては、へんろは回数を重ねる度に悪い人間になる！と言い、自分はそれを嫌になるほど見てきたと言う老人に、こちらはただ困惑するばかり。

「わしは信仰心に基づき、この様な道を長年にわたり直しをしているんじゃ！」

数百mの同じ区間のへんろ山道を、長年にわたって保存修理されている有名な老人で、それ以前にも以後にも時々会う事がありました。

回数を聞かれ「50回程かな」と答えた事が、あやふやに誤魔化した返事と取られ、こいつは悪い嘘つきへんろだ！と直観的に感じさせてしまった様です。

実際には当時50回をゆうに超えていましたが、へんろ山道手入れのため、部分的に先行の歩き途中だという、その説明も難しいので、正確に答えなかった事から生じた事であり、反省しました。

〜大師の声　じっと聞いてる　疲れ足〜

100歳を超えたという元気な老人との出会い

休憩所で昼食後、散歩途中の老人に会いました。

「心は全くの自然体、生死に拘りはなく、不安・迷いは何もない！」

そう語る老人は、まさに意気軒高。

「元気だから、毎日同じ事を繰り返している。朝目覚めたら、散歩、朝食、ひと休み、昼食、また散歩、昼寝、休憩……夕食後、眠くなったら寝る！」

毎日同じ事の繰り返しで、退屈を感じて、お迎えはいつかなぁ、いつでもいいよ、と時々思ったりすると笑顔で話す様子は悠々としたものです。

ところが――

「医者にも掛からず健康で、毎日自然体で生きる素晴らしい人生ですね！」と言ったとたん、

「あっ！　忘れてた！　昼食後の薬を飲まないかん！」

こちらの言った「医者」の言葉に反応した老人は、そそくさと散歩を切り上げ、自宅に戻っ

ていきました。

まさに天寿を慈しみ生きていると感じる老人。ただ、天寿とは遺伝子の悟りなのかとも思います。

～ひと時を　大師と語る　休憩所～

3　へんろ仲間と出会いのひと時

一般的に「職業へんろ」といわれる、野宿へんろ者がいます。彼らはへんろを生業《なりわい》とする事で、お接待やお布施を受けて自身の命脈を保っているのですが、長年、四国路を巡っていると、いつしか顔見知りになる事も多い人たちです。

そんな顔見知りのへんろ（年齢不詳、20年近くへんろを続けているという数人の知り合い）との、禅的な問答をここにご紹介しましょう。

立小便中の出会い（早朝の林道にて）

「ショータイム？」と声を掛けると、

「ワン！」とひと言、そうだの返事。

「ワン・マン・ショー？」。続けて聞くのに、

「ワン！　ワン！」

要は、犬の小便（ショー）かい？という冗談に、そうだ！ ショーでマーカー（痕跡）を残しているという事なのですね。

「ワン・ボール？」（カウントは？＝気分は？）

「ノー・ワン！」（ストライク先行だ）

スッキリしたかい？と聞くのに、もちろん！と答えているわけで、傍からは何を言っているかわからないでしょう。それが、へんろで知り合うと、こんなふうに通じるから不思議です。

腹が空、空

雨の日、四阿《あずまや》で経本を読んでいるのを見掛けて、

「勉強かい!?」と尋ねると、

「あぁ、空《くう》とは何か？だ！」といかにも真剣な表情。

「それで？ 何かわかったかい？」

「腹と心が空、空と問答中！」

「じゃ、このお菓子クウかい？」

「ありがとう、おかしいをクウよ！」

奇妙に呼吸の合うのも、おかしなもの。

順打ち・逆打ち交差出会いの挨拶

「やぁ～、久しぶり～」

「やぁ～、どうも～」

お互いが逆回り、ほんの一瞬のすれ違いも興深いのですが、ここでもやはり禅問答です。

「元気だった？」

「まぁな～」

「いつまで続けるつもり？」

「う～ん」

「どっぷり四国病？」

「まぁな～」

「(四国病の) ウィルス対策は？」

「う～ん」

「じゃ～、またな～」

「じゃ～、またな～」

次にはいつ、どのあたりですれ違うのやら。

天狗の話

「天狗、知ってるかい？」

例によって、職業へんろの一人から突然に尋ねられ、

「えっ！　何の話!?」と思わず聞き返しました。

「天狗はいると思うか？」

「会った事がないから、わからない！」。正直に答えると、

「天狗に会った男が50歳で死んだ、どう思う？」

「天狗に命を吸い取られたんだろう？」

「天狗に出会ったらどうする？」

「出会った時に考えるよ！」

「天狗はどこにでもいるぞ！」

そう言われて、ふと周囲を見回している自分がいました。

無所得と無所有の交流

「やあ！　久しぶり」と、顔見知りのへんろに声を掛けました。

「やあ！　元気そうだね？」

こちらが布施の金を差し出すと、

「恵んでくれるのか？」と見つめ返してきます。

「私は差し出しただけ」

「じゃあ、貸してくれるのか？」

「（人間）本来無所得、無所有」

「慈悲心か？」

「後は貴方が決める事」と謎を掛けるのへ、

「大師のお接待として頂く！」

さすがは生業としているだけに、当意即妙。

縁は不思議の空、東西南北天地無我なり。

～慈悲こころ　形となりて　道に漂う～

第四章　88の時間帯日常の記憶

——へんろ旅での自由な思考を綴る

一　自由で気楽なへんろの思考

こんな見出しを付けてみましたが、本当のところ、考えながらのへんろが楽しいのか楽しくないのか、よくわかりません！　わからないから楽しいのか、わからなくて良いから楽しいのか、考えながらへんろをした者だけがわかるのです。

これは、贅沢で不思議な感覚だと思います。

この無駄な遊びの時間が創り出す、思考テーマの数々がへんろの心を支えているのです。

歩きへんろの旅は「歩きながら考え、考えながら歩く」ただただその繰り返し、繰り返しで、足が疲れ、足が痛み、それがやがては麻痺して、いつしか歩いている事を忘れて歩いている。そして、夢遊病者の様に歩いていると、答えのない、答えのわからない思いが、意識と無意識の波の様に、感じて浮かんできます。

足が考え始める、足が話し掛けてくる、足音を言葉にして、何もない何もない、何もないのがへんろの心。心の中が空っぽ、心の中には何もないから、心は空っぽ、空っぽだから？　そしてなぜ？　空っぽなのか？　本当に空っぽなのか？と悩み始めるのです。

こうして、へんろとして歩いている足が様々な事を考えていきます。

「命・心」は一時的な色《しき》と空《くう》の出会いだ。「色・空双方の縁」はやがて分離する。

「体内時計」の様に「生命時計」というのもあるのだろうか？　「寿命時間・天命」は？
「命の時間」の存在を自覚して、命となる前の命と、今の命と、これから先の命を考える。と、その存在について自身に納得できる解を求め、さまよう様にひたすら歩くうち、いつしか足が歩いている事を忘れてしまう——その時から、本当の歩きへんろの旅が始まるのです。
思考の旅、思考の習慣を身に付ける旅、思考を思考と思わず、思考を無意識に思考する時、足が考える旅を始めます。拘りが消えて、へんろの意識が消えて、心の中で新しい旅が始まるのです。

拘りのない、新しい旅の始まりです。

肯定と否定を繰り返す、気楽で無駄な時間帯。へんろの心中の思考のテーマは、勝手に心に浮かんできます。

命が老熟期を感じると、死後の心と命の行く先を案じます。命とは何か、何となく無意識に近いこの疑問は、現実逃避の願望の側面を持つ心理的なものなのか？　もやっとした心の本性を見極め、すっきりしたい願望が芽生えて、非日常体験への旅に答えを求めるのです。

この様な直感的思考の習慣的鍛錬は、迷いや不安から生じると考えられる、「厄」に対処するために役立つと思います。

思考するテーマについて

へんろの旅を続けていると、思考テーマとその内容は次々と変化します。

へんろでの思考対象は、へんろの旅の特有性から離れた事柄は少なく、ほとんどが体験から発生する事柄です。へんろの旅は、思考課題を次々と創作する心の旅でもあります。

思考の流れ

へんろ旅の時間帯は、心でテーマを楽しんで思索する楽しい自由時間帯です。同じテーマについてたびたび視点を変えて、答えを変えてみる、結論は当然矛盾します。

一　テーマを意識する。
二　テーマを思い付くままに分解する。
三　テーマを自分の都合の良い様に組み立てる。

この様にして組み立てたテーマを反芻する、すなわち同じテーマを繰り返し、繰り返し思考するのです。

その対象は?というと、身心が思考を必要とする環境を意識した時は、必然的に「厄」がその対象となります。

すなわち、生活上で変化している周辺環境の事象で「意識する事柄・思考対象を増やす旅」なのです。その場合の思考の源泉は知識であり、知識は体験とその記憶、情報量は記憶の量、体験の量に基づきます。

わからない事柄を、わかるために知識を智慧化する、それを積極的に習慣化するのがへんろ旅なのです。

この、思考の変化するへんろの旅を続けていると、へんろを始めた時の諸願に対して、何となく昇華できそうなぼんやりした期待感が生じてきます。

主要なテーマは心

「心」とは何か?という疑問ですが、この疑問にもし答えが見つかれば、一切の苦楽に対処できると、直感的に感じるのです。

とりわけ、苦の最たる「生・死」とは何か?　この疑問に納得できる最高の答えを求めて、へんろ旅は続きます。

へんろ旅の目的の一つ

それは、心経について考える事です。般若心経の読誦参拝で、その主たる目的は般若心経の願解如来真実義だからです。

この、仏の悟りと真理の存在を感得できる事を願意成就の一つとして、へんろ旅のご利益のほどは?　これについては、後ほど第五章でご紹介します。

未来の仏様

弥勒菩薩という仏様がいらっしゃいます。56億7000万年後に出現し、人々を救済する仏様だと聞きます。

今から約56億年後にも、人間は存在し、そして相変わらず四苦八苦している事になるのでしょうか？

現人類は、約5万年前に旧人類から進化して出現したといわれています。それが現在は、原子核を加工し兵器を作り、生命の仕組みさえも加工しています。この進化変化の時間は、僅か5万年ほどなのです。

そう考えると、56億年後の人類は全く別の人類だろうという気がします。

または、仏には時空の壁がありませんので、今がまさに弥勒の来る未来なのかもしれません。観世音菩薩は、自身も仏でありながら、衆生のために立てた誓願のために千億の仏に仕えて修行したといいます。これは、仏様の数は無数で、時間を操る、悟った生命存在という事ではないでしょうか？

では、振り返って人間は本当に悟れるのか、へんろの思考の尽きる事はありません。

そして、拡大する思考のテーマ

死と死後の事柄について。

この世の始まりについて。

神・仏の存在の有無について。

命の残り時間をどの様に生きるのか――と、とめどがなくなります。

この様に、心の遊び時間帯であるへんろの旅は、思考課題を次々と創り出す心の旅です。思考の自由、非日常的自由思考は、特異な心理的安楽意識を生じさせます。

非日常体験で感じたへんろ旅は、日常生活上の自由束縛がありません。法律・道徳等の義務・努力・責任等とは距離感がある環境のために、非日常に埋没した生活時間帯では、心理的に解放された気楽さや、穏やかな清浄感等が生じます。

「四国病」への感染

ただひたすらにへんろを続けていると、思考停止状態が生じる時があります。その状態が続くと、反作用的に思考が充実し、その心地良い体験が心理的な作用で反復を欲求します。へんろを繰り返し行うというのは、非日常的な宗教的体験を意識するへんろの特性から生じる――常識的な現象の一部を特異な心理的作用で環境認識し、歩き続けている状態といえるかもしれません。

精神的な負担が少ない、へんろの楽しさは、悪い事はしない、考えない、人の悪口を言わない、思う必要もない、懺悔しながら歩いていると心が軽くなり、ただただ今を生きている事が楽しくなります。

これは、へんろを日常と錯覚する「四国病」にかかっているのに気付かず、非日常を日常として楽しんでいる状態です。へんろ旅と札所参拝を、心がただただ楽しんでいるのです。

～ひたすらに　へんろの旅を　繰り返す　去りゆく時の　流れ忘れて～

四国病ウィルス

へんろの日常は、法・人権・道徳・宗教・常識・法則・定義・思想等と距離感があります。自己の心の中での自己問答だからであり、視点を変えた答えは心中遊び心思考の楽しさなのです。

これは、「自己・心」の存在場所の意識が、不安定に消えてゆく感覚です。すなわち、存在自体確認できない、架空の心の架空の思考だから生じる心のさまよいといえます。一方、日常環境での表現や発信の場合は、日常的制約の義務や干渉を受けるのは当然の事です。命とその存在について、自身が「納得」できる解を求める意識は、日常知能思考といえます。

へんろ思考の対象とその結論は、日常的でも非日常的でも良いし、結論は出さなくても構いません。心中での、制限のない心の自由思考だからです。環境に即応する思考習慣によって、環境を理解し、問題に対処する能力向上を図る時間帯だと感じればいいのです。

安らぎと、不安を絡ませてのひと時、一切の拘りが薄れてゆく刹那を感じる時に、このウィルスに感染します。非日常的自由思考は、心に特異な安楽を生じさせます。

これが感染の症状です。

ウィルスは麻薬的な性質によって、身心をコントロールします。へんろは快感だと、無意識的な意識を生じさせて、繰り返す四国へんろの旅へと誘導せずにおきません。

ウィルスの正体は、もう一人の自己であり、同行二人の相方ともいえるでしょう。対策は、へんろの快感に溺れない日常的知性を回復し、この相方を友にする日常化で、四国病をコントロールするほかありません。

四国病が重篤な状態での、歩きながらのへんろ思考の内容については、頭で理解できる程度の結論は知識の智慧化には程遠いものであり、思考対象が意識から消えて心が勝手に心の思考を始めると智慧（本能）の思考が始まります。ただ、それも夢の中で夢を見ている様な自己問答感覚で、一瞬ひらめいても形のない無意識の記憶となり、日常的な知識記憶になりません。日常の夢と同じ様な感じで、意識的に「正確」に思い出せず、また、その必要を感じないのです。一瞬ひらめいた結論は、一瞬の真理的な結論と感じて消えてゆくだけです。

この様に、心を捨て、その心を自利に埋没させる。このへんろ旅ウィルスは手強く、そして優しい！

ただ、それはいわばへんろに溺れている状態。そのままでいては、永久にへんろ旅から抜け出せず、夢の中を果てしなく歩き続けていく様な、ある意味でとても良くない事だともいえます。

四国病はへんろの生活習慣病

その初期症状はといえば、ひたすらに歩く事、歩く事が目的となっていて、一義的に重要なのは――

取りあえず、足が痛まない事
取りあえず、食べ物が足りている事
取りあえず、大した不安がない事
取りあえず、寝る場所がある事
取りあえず、一日が無事に終わる事

そして、歩いている時の楽しさは、環境に即応した思考の自由です。

心中で写経読誦しながら歩いていると、文字は身辺のどこからでも、目に見え、手で触れられるかの如く取り出せる様になります。それらの文字は自由自在に大きさや形を変える事ができ、まるで最新のヴァーチャルリアリティのゲームを楽しむかの様。そんなふうに、心中思考中読誦、心中参拝は難しいと共に、できる様になると実に楽しい事なのです。

初めは、御法号・開経偈・心経と、浮かんでくるままに、位置や形状を自由に変えながら、内容を考えつつ歩きます。日々凡々、ただ生きているだけで、ただへんろをしているだけで、何となく幸せを感じ、日常生活を忘れています。

でも実は、これはへんろに溺れている現実を、心理的無意識で楽しんでいる状態なのです。

四国病完治後の生き方を考える

心構えとしては、朝目覚めた時に生きている命の実感を奇跡だと意識する事。目の前に展開する現実的環境を、一切の拘りを捨てて受け入れる事です。

そして、今できる事、今しかできない事を一心に行い「一日一生」に徹するのです。

今日の命は昨日の命を引き継いでいる、でも、明日があるとしても今日の命と同じではなく、今日の命が明日に引き継がれる保証等はない――その様に、日常生活を日常で生きる事です。

日々新たな日常を意識し、命が潜在的に持つ「永遠願望」に惑わされぬ様、今なすべき事柄、できる事柄を疎かにしない様にします。

明日の朝、今の存在を実感できたら、自然体で一日のなすべき事柄に取り掛かりましょう。命は、しょせん利己オンリーにはコントロールできないのですから、「命・心」を意識しない自然体で生きる事です。

四国病の重篤状態から生還後の、日常の生き方は当然厳しいものがあります。

再感染しないためには、心のへんろ旅の記憶を、どの様に日々の生活に生かすかが重要だと考えています。

～活活と　見えない明日に　備えている　ひと時お茶の　香りになごみつ～

へんろ自由思考の一つの答え

私自身は、そうしたへんろ思考の結論的なものの一つとして、「ゼロの位置」という概念を何となく確信的に感じました。

それは、いわば「中間に真理が存在する」と考える「中道的な生き方」。自由と権利を意識して「主張・実行」する時には、自他共存の「自由・人権」等の社会性を意識し、理解する事が必要であるとの考え方です。

自己の欲求する「自由権」には、同量の抑制が不可避と考え、権利の行使には、受ける事の利益と同等の努力義務が当然必要になるという考えです。

自由・権利－0－抑制・義務

生－活－死

「＋」－0－「－」

そういう関係を、意識したのです。

自由思考で意識する色々

へんろ旅は、命が持つと考えられる、苦の本質について、心の中に非日常的自由思考の時間帯を確保して、疑問に対する思索を繰り返す旅となります。

私の場合、そうした非日常的な思考の時間帯には、次の様な事柄が心に浮かびました。

☆歩きへんろは時間が掛かるが、健康的だ。車のへんろは早いが腰に負担が掛かる。

☆どちらも参拝回数が、目的とならない様に気を付けよう。

☆結願、満願への道のりは遠い。ずうっと先の現実、成就の日は来るだろうか？

☆未来の現実は存在すると、今は少しの疑いの意識を持たずに歩いているが、なぜ？

☆絶えず変化している生命は、今を生きる大切さを強く自覚し始める。そして未来に自己が存在すると、信じて疑う事をしない、命の心が持つ本能智慧の作用なのか？

☆今を意識する心は、未来の存在を疑わない。「目的・目標・希望・願望」に向かって、ひたすらに生きようとする！　ただ漫然と日々努力するだけの心は、やがては習慣化の波に溺れて目的の本質を見失う。

☆現実的な不安の実態は、「へんろが目的となる、四国病の重篤化」だ。

☆何のためのへんろ？　結願・満願を意識しながらも「未知の未来はわからない現象の一部」と考えて「今」をしっかりと生きる事だ。

☆へんろの姿形は、昔の死出の旅の名残りとも聞く。

☆生命の目的の一つは、未来への生命の継続で、未来を思い描く意識は、生命の本能が持つ欲望の一現象か？

☆現実的な「苦・楽」は、生命の記憶に対応する生命の戦略的な現象。今を生きる強い意識で今を忘れる事なのか？　今、心が感じ思考している事柄は、未来の存在を信じる事で、全ての「厄」に対処できると、無意識的意識が、へんろの足を誘導している様にも感じる。

☆一切の苦楽は欲望の存在か？　欲望の本体は心の中の本能。本能は生命の目的から生じている。生命の目的がわからないと、一切の苦に対処できない。

☆「能除《のうじょ》一切苦（よく一切苦を除く）」が悟りなら、逆にたどって考えると、悟りのために生命の目的は何か？　本能とは何か？　心とは何か？　欲望とは何か？　等の正解が必要であり、全てに結論的答えがわからない場合は、悟りとは無縁となる？

☆生命とは何か？　心が直観的に意識している自己生命の存在は、日常的には本能的で無意識に近い。周辺環境との関わり、感覚機能の認識であり、生命の環境状況により色んな立場での思考が生じる。自他生命の違いや関わり、存在原因は何か？　目的に違いはあるのか？

☆へんろをなぜ始めたのか？　いつから？　なぜ？　いつまで？

この様に、日々同じ次元の心中問答思考が始まります。結論的なものはありません。

だから、私のへんろ旅での思考は、この成果の見込みのない問題を、ひたすらに繰り返して、諦めないで考える旅なのです。心中自己問答とは、遊び心の思索なのです。

　常に正解や結論を求めるのではなく、複眼的思考の訓練と考えて、自己満足的な答えを思い付くままに、心に浮かべて楽しみます。ウィルスと「同行二人」で。

二　歩きながら考えた事の色々

　へんろ旅、ある日ある時、無心で歩いていました。

昨日も明日も同じだと、悟った気分で今を歩いている。喜怒哀楽も命の持つ縁と、悟った気分で今を歩いている。今日、今の安全をぼんやり感じながら、のんびりと拘りを忘れ今を歩いている。

～地蔵さんに　道を聞いてみる　ゆるき旅～
～気持ちだけ　さっさと先ゆく　遅れ足～
～吠え狂う　犬に構える　二人杖～

ある日ある時、厄について考えていた――

苦に対応する心構えは、苦を捨てるのでなく、消すのでなく、苦を忘れるのでもなく、逃げるのでもなく、苦を真正面に見据えて、苦の実体と対峙する事。

苦の原因をひたすら探究する、苦の原因がおぼろげにでも浮かんでくれば、やがて色々な対処の方法が、心に自然に浮かび上がってくる。それが非日常（仏）的な結論であっても、思いは透けてくる。

～ホ・法敬経　空耳で聞く　思い道～
～ひたすらに　唯ひたすらに　杖の音～
～木漏れ陽に　面影を揺らす　磨崖仏《まがいぶつ》～

ある日ある時、生き方を考えていた――

同じ道と思っても同じ道ではない、同じ道を歩いていても同じ時を歩いていない。昨日と同じへんろ旅をしていても、今日は今日のへんろ旅で同じではない。

～唯歩く　足と心が　悩み合う～
～苔まとい　路傍で眠る　無縁仏～
～苔まとい　埋もれる墓石は　静かだな～

ある日ある時、お金について考えていた――

お金（経済）は「願望成就を保証する手段」として、存在している形の様にも感じる？
期待させ信じ込ませる、現象的表情は超現実的な魔力なのか？
最高で最終的手段だと、思い込ませる麻薬作用で「命・心」の自由と豊かさを損なう？
お金（経済）に無縁で生きる事に徹する、それもまた「我欲」に徹して生きる事にもなる？

～迷い道　お金も腹も　減ってきた～
～心経を　念じて生きる　今のひと時～
～接待の　声は大師の　杖の音～

ある日ある時、欲望について考えていた——

命の存在は欲望の存在、呼吸で生きる命の「欲望」が善悪・苦楽等の根源なのか？

生産と消費は命の呼吸、自利＝他利は存在の呼吸、これを否定する事になれば、環境（存在）の空気を吸い、神・仏から与えられた快楽だと錯覚陶酔して呼吸をしない事になる。

それは、不治の病人になる様なもの。病人でない生き方、欲望を抑制する生き方、難しい生き方。

～鐘楼で　余韻に浸る　無欲顔～

～風があり　顔が溶けて往く　磨崖仏～

～花衣　まとい舞う龍　つむじ風～

ある日ある時、生き方を考えていた——

へんろの旅とは、今を意識して今を生きる事。そして、今を意識しないで今を生きる事！

どう生きるか?は、どう死ぬか?であり、生き方死に方を考えるのがへんろの旅。

さて！　生死は一体だと頭が理解しても、心は納得するだろうか。

～静かなり　大師が残した　命道～

～浪静か　瞬時夕陽の　黄金道～

～山門で　仁王さんと　ニラメッコ～

ある日ある時、路傍の情景を思い出していた――

犬の散歩散見。

～飼い主を　散歩に連れだす　寡黙犬～

～ワンポチに　引きずられている　主の足～

～犬家族　道を占領　愛犬家～

ある日ある時、お寺で参拝しながら感じていた――

お寺と・仏の領域。

～写経箱　雨と木の葉と　札も寝る～

～御本尊　五時を待たずに　疲れて休む～

～木漏れ日に　面影を見せる　磨崖仏～

ある日ある時、山道の手入れをしながら歩いていた――

へんろの日常、自然環境。

～猪の　散歩の道も　人の道～
～唯無心　ミミズの棲み家　作りつつ～
～花衣　身にまとわりて　緩む足～
～何となく　ウグイスの声　真似ている～
～盗み見る　苔むす林の　石仏～
～向かい風　足音が去る　峠道～
～接待の　想いの形が　道しるべ～
～杖の音　鈴音を待ってる　人もいる～

ある日ある時、命の本籍を考えていた――

命の本籍を無意識に求めて、今を意識する心はへんろ思考を続ける。

命の本籍がわからない理由としては、物質＋精神が「存在の意識」をいつ？　なぜ？　どの様に？　獲得したのかがわからないからで、「生命の定義」の出現根拠が明らかになるまでわからない。このわかる訳がない事柄をへんろは思考する。

無駄な遊び思考、へんろ旅の自由思考。

人間の死、「身心が分離した（精神・心）」は命の本籍に帰ってしまうのだろうか？

わからない事を、わからないままで、わからない考えを繰り返す、思考に埋没する、へんろの心はなぜか穏やか。

ある日ある時、歩いている足が感じていた——

このへんろ旅は、何の成果もない。

何もないから、何も考えなくて良い、考えないから心は軽い、と足はわかっている。

今どこで、何をしているか、へんろの足はわかっている。へんろの足は答えを無意識に観ている。

それは、気楽で自由に心の思考を楽しむ事。

～昨日今日　変わる心を　感じつつ　ひたすら歩く　道を編む旅～

～木漏れ道　ふと暖かい　静けさに　風に絡ます　軽い足音～

～何となく　心で聞いてる　足音に　今を感じる　想いが漂う～

ある日ある時、へんろについて考えていた——

ぼんやり歩きながら、何となく考えている。何のためのへんろか？　歩く事や回数が、習慣的無意識目的となり発心の思いが希薄になっていないか？

「仏教・般若心経」とは、悟りについてのお経なのか？　悟りとは？　少しはわかる時が来るのか？

今を生きている命の不思議を思うと、わからないのが「過去・現在・未来」。何となく先祖に、感謝の供養心が芽生える。いつしかぼんやりした思いが、意識的な思考対象に変わってくる。

これがへんろ旅なのだろうかと。

ある日ある時、懺悔について考えていた――

この旅で過去の様々な過ちを懺悔して、結果の希望は「家内安全・諸願成就」の旅にする。

生きているから、生きるための四苦八苦、どうするかを考える旅、命を考える旅、そして死に対する心構えを確立する事。

ある日ある時、仏について考えていた――

避けられない死に対する不安、寂しさがある。諸願成就は取りあえずのわがまま。

自我を背景とした他力本願のへんろだから、わからない事柄を解明する方便として創造する。

これが、宗教の存在。

～愛でて見る　草木も花も　苔石も　常に変わりて　道に安らぐ～

ある日ある時、瞑想的に迷想していた――

仏の世界は「位（上下位置）」がある様だ。如来・菩薩・明王・天――悟りにも当然、大悟・

中悟・小悟・微悟？等の位置があるのだろうか？

ある日ある時、悟りについて考えていた――

わからない事をわかろうとするのが、へんろの旅心。心の旅に終わりはない。

それは、へんろ旅に埋没して、やがては空に生きる事なのか？

三　悟りについての色々

釈尊は中道を発見され、中道の修行で悟りを開いたといいます。

遠西南北・上下右左・暑い寒い・高い低い・昼夜等の認識する位置は「0・中間」です。

悟りの世界と、迷いの世界の「中間」が「空」の位置であり、「空」の位置を獲得する方法があると説いているのが「摩訶般若波羅蜜多《はらみった》心経」なのです。

「心経」の色《しき》を物体に、それ以外を識《しき》と考えてみました。物理学では物体は「物質・分子・原子・原子核」と中身の要素「素粒子」から成り立っていると聞きます。物体には「形・色・香・味・熱」等がある事から、これらも物体の構成要素から出たと考えると、各要素の反応作用、すなわち物質の持つ特性の総合的相互干渉の結果から、物体の個性が生じると想像して、何となく納得できます。

でも、難しいのは生命体の持つ「識」であり、これを物質の持つ保存則と絡めて考えてみると、「仏説・心経」的には識の本質は精神性「心・意識・精神」と考えられるので、物質の保存の法則に対して精神性の保存則は、姿形のない空の智慧「悟り」が、精神性の保存則なのだろうか?と考えるのです。

仏教的・心経的な悟りの推測

（一）心に智慧が存在する、智慧が解き明かす仏の世界が存在する。
（二）真言密教的には大日如来の世界。
（三）仏の誓願を頼りに真理を知る事ができる（帰依・仏法僧）。
仏とは、無上最高の環境状態「悟り」を獲得して保持している生命の事で、無上の命が仏であり、命の悟り、時空の超越が仏なのです。

一切の苦楽の源泉は、生命現象の必然性と物理的に考えてみます。すると、その流れは次の様に捉えられます。

（一）現象（始まり）……真理、法則の出現
（二）経過（成長）……欲望の始まり（苦の始まり・空間の獲得）
（三）自立（成果）……欲望の組立（環境の取り込み・戦いの始まり）
（四）継続（命の出現）……欲望の成熟（生命の仕組み　本能・遺伝子）
（五）結果（命の戦い）……生命の完成（願望成就）

この様に考えてみると、生命体は生き続ける事の欲望の塊だと感じられます。
仏は、そうした人間の生命誕生には直接的に関係していません。すなわち、悟った釈尊から出現したのが仏の世界であり、仏教はブッダ（覚者）の世界、仏の浄土の存在を説いていますが、神話的に人間を創ったとの説に出会った事はありません。

では、仏の悟りの境地はとは何かというと、「能除一切苦」であり、その障害となるのが本能の欲望から生じる「煩悩」と「厄」です。

では、どの様な人が悟れるのでしょう？　誰でも可なのでしょうか？　そして、どの様にして？

そこで、悟りは①ある、②ない、③わからない――この分け方で、それぞれの視点から考えてみました。

①悟りはある

過去に悟った人間が存在した（釈尊の過去仏）。

悟りを開いた釈尊の教えを信じて、修行実践で悟れる。

仏の導きの縁によって悟り、仏の世界が理解できる。

生命の仕組みを解き明かそうと努力する求道者（仏弟子等）が、過去現在に存在する。

本能・生命体の遺伝子は悟りの智慧を獲得している。

生命の仕組みとしての本能の悟り、それが「命の時間」であり、天寿、ショック死、認知症（痴呆）等、自己自覚認識の自然体的な消滅――これは、生命が持つ智慧の悟りだ！

②悟りはない

人間の生命が持つ、最高の願望・欲望の幻影に過ぎない。

本能の錯覚、異常に強い悟り願望が、悟り的な人間を創り出す。

自己陶酔で本能が錯覚すると、神の降臨・予知・予言・神通力・別世界見聞等が出現する。

自己陶酔は環境の現象を、特殊能力を獲得したと思い込み、客観的な日常の自己を見失った状態。

③悟りの有無はわからない

悟れない事を確信したからこそ、小乗的（上座部）から大乗仏教の「他力本願」も生じた。

わからないものをわかろうとする欲から、悩み迷いが生じ、苦厄の原因となる。

わからないものはわからない、わからないから考えない（悟り願望意識の消滅）。

わからない立場で、苦厄にどの様に対処するか迷い、ふらふらしている、我は一人のへんろ。

現在の世界に存在する縁を断ち切る事？　そんな事できるのだろうか？　方法は？

智慧の完成は悟りで解脱だというが、その解脱をするために「般若波羅蜜多（完全な智慧）」を説く仏教の経典の心経の真実とは？

「仏心一如」すなわち自分の心と仏が一緒になるためには、修行の実践が必要。

「悟りの境地」すなわち彼岸《ひがん》が存在するというが、これは方便か？　彼岸の彼岸は此岸《しがん》、現世の四苦八苦の対岸が彼岸という事か？

ならば、完全な命と、不完全な命が出会った時はどうなるのか？

へんろ旅の目的が持つ一つの側面、それは心の旅「歩行禅」の実践！

悟りを開いたのは釈尊！ 人間は悟れる、これは歴史的な事実だ！ この事を信じる事から、覚者釈尊の説く、仏の世界が展開している。そして今、一人のへんろ者である自分は、仏の存在を信じて参拝している。

わからない命の背景に存在しているのは「無意識的意識」か？ 仏か？ やはりわからない。命は物質か？ 精神か？ その一体なのか？ 一人のへんろ者はいつまでも……結論の出ない思考を繰り返す旅を続けている。

悟りについてさらに深く

発心の思いに浸って溺れて歩く、へんろの思索は心の旅。悟りについて、へんろの立場でなお色々考えてみます。

仏教「般若心経」の悟りを考えると、悟りは「智慧の完成・解脱」であり、パンニャー＝般若＝智慧の事です。

それはまた、五蘊皆空《ごうんかいくう》の照見《しょうけん》（仏の悟り・心に全く拘りがない）という事で、悟りは現実を超越しています。

その一つが「神通力」です。

神通力には、神境《じんきょう》通（自由自在に思う所に思う姿で現れる）、天眼《てんげん》通（一切衆生の生死と輪廻を知る）、天耳《てんに》通（世界の全ての音や声を聴く）、他心《たしん》通（他人の心の中を読む）、宿命《しゅくみょう》通

（過去と前世を知る）、漏尽《ろじん》通（煩悩が尽きて二度と迷いの世界に生まれない事を知る）という六つの超人的な力や智慧があります。

悟りを開くとは「悟りの自覚」と「悟りの証明」、そして「悟りの承認」から成ります。このうち「悟りの証明」は奇跡を行う事で、奇跡は今あげた様な神通力を獲得している事を示す行為。これを他者に認められる事により、悟りが証明されるわけです。

悟りはまた、生命が持つ智慧「絶対的無意識記憶」を解き明かす事であり、へんろ思考の対象の一つです。

「悟り・解脱」は「生命の継続願望」の成就と勝手に定義して、考えてみました。

それは、真理に目覚め、智慧で生きる、本能・欲望の絶対的管理能力の獲得です。言い換えれば、悟りとは一切の苦を「智慧・本能」でわからないものは、わからないと無意識的意識で生きる事といえます。

そのためにも、悟りには悟りの「物差し」が必要であり、それは悟った者のみが持つ智慧の物差し、超立体の物差しです。

すなわち――

悟りとは、生活上で差し障る事柄「厄」の一切除去であり、喜怒哀楽全てを解決する能力。
悟りとは、智慧の完成、能除一切苦で現世（四苦八苦）を超越する神通力の獲得。
悟りとは、未知の世界である「前世」「来世」と、「現世」の関係を知る能力。
悟りとは、真理と一体化し、生命本能の一切を自在にコントロールする能力。

悟りとは、彼岸というのは方便で、彼岸の彼岸は此岸、現世、四苦八苦の対岸が彼岸。

悟りとは、現世の四苦八苦の超越、今の厄に対処する能力を持つ事、すなわち「十善戒」の生き方。

智慧の完成が悟りという心経。それを智慧の本性を解き明かす事と解すると、そのための生活環境を作り、保持する事が重要となります。すなわち「能除一切苦」の生き方であり、「般若波羅蜜多」に生きる事になります。

仏教でいう「無常」は完全と絶対を否定する真理。無常は存在の実体が変化する現象と考えると、悟りもまた無常であり、完全な悟りはありません。悟りの状態も無常なのです。

心経について考える時、「度一切苦厄」のための「空」についての理解が重要です。

ここで、「存在」を意味する色に対し、空は「存在の条件」。これは、物理学でいうところの「時・空」が光の存在法則、光が出現する場所空間は時間と不可分一体の法則そのものというのと同じです。

実体は実在しない意味なのか？　存在する実体を「現象」だと解説されるとわかりやすいかもしれません。現象とは存在の実体が変化する様、現象として認識する対象が「五蘊」です。すなわち「色＋認識能力（感覚器官）」が「心・命」の本体五蘊。「皆空」とは心身は一体で現象の存在となるという事です。これは、生命の本体を「空」と断定した表現といえます。摩訶般若により五蘊が理解できるのであり、逆説的には、生命とは智慧から生じる五蘊であるという事になるのです。

空とは智慧の現象認識であり、現象は無常なので空は無常、無常は空。空を無常の真理とする立場で考えると、悟りとは智慧により空に目覚めるという事になります。生命を空感すると、生命は無常であり、無常なのが生命。存在の実体は無常、無常もまた無常。これは、仏にも寿命があるという事です。

存在する実体を認識するのは「主観的認識＋客観的認識」で、認識は感覚器官が存在に対する総合的な反応作用の結果（認識は意識で形がない）です。こうした生命の存在認識を確信する事が、一切の苦と楽の源泉となります。認識・意識は一瞬の過去として、囚われない、拘らない事が大切なのです。

悟りの成就について

迷い悩みがあるから考える、考えるから迷い悩みが生じる、そこで智慧の思考が必要不可欠となる、そしてその成就のための生き方を探す事になります。

「心経・空・無」に絡んで「悟り」が存在するとしての立場で考えると、悟りの成就とは生命の目的成就であり、生命の「完全な完成」と考えます。ここで無常が真理だとしたら、形のあるものは現象として変化するために、世に悟りがあってもそれは無常の一瞬の断面にほかなりません。

ブッダのみ、こうした時空を超越した悟りの成就者であり、現世のブッダすなわち「悟・覚者」は釈尊だけです。但し、これは現在の歴史的定説を事実とした場合です。

釈尊の仏弟子として、釈尊に続くために生きた多くの人々によって、上座部から大乗仏教＝他力本願思想が現れた事は、悟りの成就が如何に至難の業かを証明していると考えられます。たとえば先ほど書いた様に、悟りとは奇跡を起こす事で、奇跡は自然法則を超える事。自然界に法則が存在する事が前提とすれば、悟りの成就者である覚者は自ら自然法則を創り出す「神通力者」なのです。

そもそも、「神・仏」とは異次元の世界、未知の世界、いわば鏡面の外側的な世界の存在です。これに対し、現世四次元の世界は光と時空の世界であり、鏡面の内側的な世界。「光・時間・空間」が一体の現世にあって、「無常・時間・変化・現象」という現世法則はコントロール不可の世界です。

そこにあって、対象に対峙する感覚反応意識——主観・智慧・直観・断定・智慧の反応・遺伝子本能の智慧。さらに客観・知識・思考・抽象・知識の反応・体験学習で獲得した智慧等で、悟りの境地を推測すると、それは定常・無常の一体化、主観・客観の一体化、夢の覚睡化・覚睡の夢化という、時空鏡面の突破だと夢想します。

この様に、神・仏や悟りが存在するか否かは、この世が存在するか否かと同じ次元位置での問題と考えられます。悟りは、現世生命が一切苦から脱却する事だとすると、究極的悟りは現世では実現できないという事です。

こうして見てくると、現世での悟りは自己保存欲望を適正に抑制して生きる、自己管理能力の保持という程の感じだといえるでしょう。

四　まだまだ続く、へんろ旅思考の色々

この様に、心中自由に考えるのがへんろの日常。へんろ旅思考の日常はまだまだ続きます。

人間生命の終始について

始生期＝受胎・誕生・出生、この世での命の始まり、前は不明。

活生期＝人生色々——喜怒哀楽・四苦八苦・順風満帆・地獄極楽。

生命を「始・活・終」のセットと考える。四苦八苦は活生期の必然であり「思考の時間帯」。

終生期＝天災・人災・老生（天寿）・忘生（認知症）・病生、この世での命の終わり。

生命体の本能的絶望（遺伝子の智慧）としての死、この世での存在は終わり、その先は不明。

生命体の能力＝智慧について

環境に即応する能力、本能的環境反応の記憶が智慧。

記憶は曖昧なもの。現象の認識記憶は存在実体の二次元（平面）的側面で、記憶は「生命本性＋意識」の思考結果を、必要情報と判断した内容を潜在的意識として心身に、保存と保持をする知能。

＊第一知能：本能（生命・遺伝子）　生命体の持つ必要不可欠な過去最良の記憶の集積。
＊第二知能：生活能（知識）　第一知能＋生後体験学習した知性が獲得した記憶の集積。
＊第三知能：創造能（予感・予知・予想・創造等）　未来を期待する願望。

現在苦に対応する「知能」は、「第一知能＋第二知能」から生じる。第三知能の創造能は、悟り・神仏等の有無・生命の目的・存在についての思考基盤。

知識は生きるための人間力、智慧の悟りは究極の人間力といえる。

本能について

本能とは、生命が生命として存在するための設計図の中枢機能であり、遺伝子の記憶。

本能の戦略、それは遺伝子の仕組みによる生命の存続欲望。

遺伝子の戦術、それは記憶のコントロールと知識記憶の整理整頓＝智慧の醸成による生命の存続欲望。

生命の絶対的枠組、それは満足・快楽を実現する象徴的な無意識確信を保有している事。

無意識確信の本体とは、本能といわれる「三大欲望・四大欲望」（食欲・睡眠欲・性欲）等。

これも心中問答の一つの結論。

不安や迷いは――

周辺環境の変化事象が理解できないで、適切に反応作用と対処ができない事から生じる。

二次元（平面的）思考、すなわち対立的・対照的思考では解決できない。

完全－不完全、光－暗黒、存在－非存在、有－無、生－死、善－悪等。

存在する実体は、常に変化する現象として認識する立場として、一切の存在を対立的・相対的に見てはならない。「超空間・超立体」的な思考は、「心経」的には「色即是空」すなわち「無常」が真理であり、存在意識そのものが、一体的な現象の一瞬の断面に過ぎない。

　だからこそ、不安・迷いは尽きない。

智慧の生き方・日常の心構え

欲望の抑制。身心の健全な保持。日々清算の生き方。懺悔の生き方。記憶の意識化で厄と感じる領域がある、その一つが罪、過ち。

欲望は全ての厄の根源、苦に溺れない生き方の方向性とは、拘りのない自由で大きな心で生きる事。智慧で、変化する環境に、心身一体的な即応反応で生きる事。

欲望の実体

欲望とは、大欲望（生命の本能）＋中欲望（生命の願望）＋小欲望（人間の欲望）の事。

1　食欲
　食うか食われるか、殺すか殺されるか、全生命体の仕組み、共通の生存欲。

2　睡眠欲

生命維持に絶対に必要な睡眠。

眠りは本能、生命の戦略、習慣的無意識行動、命を最も無防備にする本能の仕組み。

3　性欲

不邪淫＝抑制の一番難しい欲望。決まった発情期のない、人間特有の生涯的な発情。

4　財産欲、物欲

布施、本来無所有であるはず？

5　名誉欲（独占・権力・支配）等

この欲望の背景は、突き詰めれば不老不死。

欲望抑え難し

・過食症、拒食症、過眠症、不眠症
・色魔、色欲、恋狂い
・色々な歴史を創る要因

特に性欲は、心身の発達に伴い急激に出現するために抑制が難しく、厄の存在となりやすい。

そのために、出家等による対処が考えられたのかも。

中間に抑制できる位置があり、それは中道の生き方、欲望の適正な抑制。

生存欲と不殺生。生命の継続、食物連鎖、命は他の命を取り込む事で、自己の命を継続させる仕組み。

全ての生命は生命の継続の目的において、命の共同体であり、生命体の立場では、人間の生命は、生命体の一時的な形、在り方に過ぎない。

存在する全てを、命と考えると「不殺生・悉有仏性」は理解しやすい。

眠りが必要不可欠な理由とは？

生命には記憶を都合良く変更したり忘却したりする能力がある。眠り・夢で加工し、都合良く生きる能力知能を高めるためなのか？

生き方の色々

どう生きるかは、どう死ぬかでもある。

言葉ではわかる、理屈ではわかる、頭ではわかる……でも！　心のどこか、何かが受け入れない！

一切の拘りを昇華し、生命の本性に生きる。欲望を意識し、欲望を抑制し、欲望を適正に管理して、欲望の超越を目指す生き方をする。

最高の生き方は、いつ死んでも良い生き方、死の準備が整っている事、死に対して不安恐れがない事！

そのために、所有物は必要最低限にする（無いは有る＝有るは無い）。今、無常を無欲・無我に生きる。

どこから来て、どこへ行くのか？　わかるのは今のみ、わからないものはわからないから考えない。

良い生き方は、日々心の整理整頓。明朝目覚める生命の自覚保証はない（未来は不明）。

良い生き方は、常在終生期。今を全力で生きる事。たとえにも「嘘も方便」という。因果応報・功徳を積む・現世利得等は現世の四苦八苦に対処する方便。

個性について

人それぞれに個性がある。生き方の個性、宗教・哲学・自由・正義・信条・心経・悟り・文化・道徳等々十人十色。生き方もへんろの旅も、人それぞれの一切の苦と楽を、人それぞれの生き方で対処する。

しかし、「生命の存在」から生じるこの世の一切の苦と楽を、無縁とする事は誰にもできないだろう。生存する全てが、この世の「今」の共存者と考えると、「自・他」の垣根は、無意味なものとの思いに至る。
①生命の個性・独立性＝自己の無意識的な存在・誕生は存在意識の始まり
②生命の継続的な目的＝遺伝子・生命体本能の作用
③生命の維持活動＝知能の活かし方・生き方・人それぞれの哲学・宗教
③をさらに詳しく見ていくと――
ｉ 無神論的・哲学的・科学的・自己的・自利的意識を持って生きる
ⅱ 神仏の存在を信じて悟り、または他力の信仰に生きる

iii 中間的で時々の環境に反応、対応して自然体で個性的に生きる
これらの徹しきれない、わからない事柄は考えない、それもまた一番難しい一つの生き方。

それは、科学・宗教いずれにも埋没しない生き方。

存在の出現前や「神・仏」の存在等は考えない。

なぜ生まれてきたのかは考えない。

どの様に生きてきたか振り返らない。

どの様に生きるかも考えない。

今を生きる事に意識を注ぎ込む。

日々完結する終わりへの心構え。

～姿なく　葉影の緑に　溶けて鳴く　キチキチキチヨ　キットキチキチ～

生命の自然淘汰

生命の生き続ける事の苦悩、その絡みは……
○天災・物理的現象＝自然現象・生老病死（火山・火事・台風・地震・津波・病原体等）
○人災・欲望の存在＝戦争・事件・事故等（人間的欲望の無抑制・暴走・異常等）
そんな中で、人間の生命がなぜ存在するのだろう？

へんろとして考える生命は、必然的にその存在を宗教的背景として思考する。

すなわち、仏と絡めて考える事になる。

宇宙の始まりがビッグバンとする学説が定説としても、その前後の物理法則が証明されるまでは、また、法則そのものの存在の有無、今後の科学的証明がなされるまでは、あくまで「信ずるべき学説」に留まる。同様に人間の生命が存在する事に関しても、科学的客観的な答えはないに等しく感じられる。

すっきりした答えを求める意識は、「直感的」に対処する方向に向かう。

それが宗教であり、不明を解消する一つの解決方法。

へんろの視点で、短絡的に結論付けるなら、生命は自己保存欲望の生物体。

物質の存在を原因として、物理法則の結果から生じた生物体が変化して、多種多様な生命体が誕生する（生物体目的の方向性に沿った変化）。

＊人間の生命は生命体の一種で、生命誕生の過程から離れての存在はありえない。

＊生命、生物は皆兄弟。遺伝子の僅かな違いが個性であり、仏教的には悉有仏性。

〜道半ば　路傍に伏した　旅人の　形見は無常　苔墓石〜

〜廃道と　なった山路の　標石　役目を終えて　木根に抱かれる〜

〜結願え　意欲満々　88道　ひたすら歩くも　まだまだ遠い〜

〜錦札　心で持って　旅の道　空は幻影　無の織色〜

心とは何か、わからないから考える

心は一般的には精神、命ともいう。

存在の実態はわからないが、存在が事実だと「意識・無意識的」に認識している。

へんろ心は、繰り返し繰り返し考える対象となる。

なぜ存在しているのか?との疑問の答えを都合良く創造しようと努力しても、ごく単純でスッキリする答えは「ない!」となる。

いつもこの結論に飽きもしないで、空想に空想を重ねるへんろ旅。

存在の出現前

閉じられた時空で、光・暗黒（物質対反物質）すなわち有・無の対称があり——
☆対称が変化して、開かれた時空で存在（光と光による物質時空）が出現した。
☆閉じられた時空には対称の僅かな非対称性が存在していたのかもしれない。
☆時空を超越して、時空を自在にコントロールできても存在の出現前はわからない。
意識の出現前、すなわち記憶の始まる前はわからないから……

このわからない原因である「存在の出現・時空のスタート」をへんろの遊び心は気楽に考え続ける。

存在に原因があり、原因の原因は?……と解を求める思考は一つの結論に至る。

「無限の結論」つまり、無常の世界?　有常の世界?　定常の世界?　否常の世界?

存在は「神・仏」による出現として、「神・仏」出現原因は？を繰り返すと、「神・仏」の先祖は？　またその先祖は？と際限がない結論になる。

わからない事は、わからない。一切皆苦（開苦）の始まり。

わからない世界の事は、考えない！　でも気になる、これが苦の一つの原因。

へんろとは、このわからない生命について色々考える旅。

生命・今の生命

＊過去・現在・未来は一体的なもの（一空間に内在する現象的存在）
＊生（始生期）＝「受胎・誕生・出生」この世での命のスタート
＊活（活生期）＝人生色々「喜怒哀楽・四苦八苦・順風満帆・地獄極楽」命の継続、一切皆苦に生きる（四苦八苦・一切生苦……）
＊死（終生期）＝「天災・人災・老生（天寿）・忘生（認知症）・病生」この世での命の終わり、命のゴール、一切解苦（涅槃・滅苦）、生死一体が心・命

命の意識とその思考

命が持つ感覚器能力は、周辺環境に反応作用して意識を生じさせる。

意識は命を守り、維持するための「苦楽の矛と盾」で、思考と行動の原点。

命を守るための、感覚器官の総合的な能力を深め高めて智慧化するために、今の命・今日の

命は昨日の命を引き継いでいる。でも、昨日の命は今日の命と同じではない。

今日の命が、明日に引き継がれる保証はない。明日があるとしても今日の命と同じではない。

命が持つ永遠願望に惑わされて、今のなすべき事柄・できる事を疎かにしない様に！

へんろとしての一つの生き方

般若波羅蜜多心経は、悟りの位置を示していると考える。

心の中・心の在り方・世の中の現象の見方等の説話。

般若波羅蜜多の内容は解説書等で、六《ろく》波羅蜜（布施・持戒・忍辱《にんにく》・精進・禅定《ぜんじょう》・般若の六つの実践すべき徳目）、八正道《はっしょうどう》（正見・正思・正語・正業《しょうごう》・正命《しょうみょう》・正精進・正念・正定《しょうじょう》の八つの悟りへの途）等、修行について解説されている。

＊朝、命の存在を実感できたら自然体で、一日のなすべき事柄に取り掛かる。
＊命は、自利オンリーにコントロールできない（命・心を意識しない智慧に生きる）。
＊欲望に溺れない、欲望に囚われない生き方。
＊自由で一切に拘りがない、「生・死」の問題も昇華しきって生きる事（小欲知足）。
＊仏教、仏の世界での悟り、無常の真理を獲得して「心・智慧」の完成した位置を目指す。
＊別の言い方をすると、生命の智慧・生命・本能・遺伝子等の仕組みを解き明かす事となる。
＊般若心経的には、智慧によって智慧の本質を解き明かし、悟りの成就者となる生き方。
＊般若波羅蜜多に生き、般若波羅蜜多によって心に般若波羅蜜多の「呪《しゅ》」を完成せる事。

＊般若波羅蜜多の成果は、「度一切苦」「究竟《くきょう》涅槃」「呪・羯諦《ぎゃてい》」と説いている。

道徳性について

人間が存在し、存在を継続するために事象として生じる「集団的に生活する社会的環境」に対応する活動基準。社会的生活環境をより良く維持するために、必然的に作られる。共有性と共感性を重んじる、自主性を伴う規制。規制が普遍性を持ち、強く意識化された道徳性は、人間の存在・所属している社会的環境等に干渉する。

へんろ旅の基本的な心得は、日常生活での道徳を遵守しつつ、悟りの世界の影でも感じたいと「般若波羅蜜多心経」の読誦を中心とした参拝の旅をする事になる。

これは、いわゆる「道徳」とは幾ばくかの距離感がある。

非日常としての、仏教・真言密教（経典）と道徳性が融合的に展開する事になる。

へんろの背景にある仏教は、人間が生きる事で生じる諸問題を、解決するために創造した最高の結論的意識で、最高の生き方の最終的な手段として、心中の心理的な意識を信仰の形で現実行動化する事。絶対的完全性と、神秘性を持つと信じる「信仰において存在する心の世界観」で、人それぞれだが、「神・仏」の存在を自覚認識する事は、結果として自己による自己の心の自由を束縛する事にもなる。

これは、社会的生活環境下で、問題解決の最高の文化的な現実的現象としての「生活的規範」になり得るとも考える。

宗教はその目的から、社会的な生活を構成する人々を親和的に結びつける側面がある。道徳を醸成するのは、社会的な生活を構成する人々の個性の要約が必要だと考えられ、要約の過程において人々の自由を心理的に束縛する側面があると考える。

すなわち、宗教は心理的側面から言動の自由を束縛し、道徳は実態的に言動の自由を束縛すると考える。法律的には公共の福祉、社会的制約・自他共存の条件として、個人的な自由権実行には同量の抑制が義務となる。

主観と客観は事象に反応する意識

○主観

事象を即応速断的に「結果的現実事実」と認識する、本能的・結論的・直観意識。

智慧的・抽象的・自覚的（分析・理解）等の論理的思考が始まる前の意識。

認識基盤の背景は「存在」で、他性的・他別的・神秘性を背景に持つ結論的な価値観。

○客観

事象を科学的に知能的に思考する仮説・定義・体験の知識等で、存在実体を認識する。

知識的・具体的・他覚的（知能・定義・法則）等で確定的形式的な側面を持つ価値観。

認識基盤の背景は、自己意識で個性的、個別的多種多様な価値観のために、結論的ではない。

主観と客観は、変化事象を認識する位置の違い。物質の持つ法則を知り、コントロールできない限り、命の一切の苦と楽は「命・心」と一体であり続ける。

心の本性・存在

存在は存在を意識が認識する事で、意識「命・心」の出現根拠がわからない限り答えはない。

答えのない答えを智慧（本能）が、「神・仏」の世界を方便として創り出すのが宗教。

意識は、感覚器官が環境に反応する現象と仮定すると、感覚器官の出現が命の誕生であり、感覚器官は物質の変化する現象の一形態とも考えられるので、存在とは、物質環境の継続する変化現象を感覚器官が反応作用で生じ作らせている意識。命の本体（身心）は、希望・願望・欲望等が存在継続する事を前提とした無意識的な存在。

心の本性は未来の一切がわからないのに、明日の存在を信じて、疑いの意識を持たず、またその努力をする。

明日にしよう！

若い命は、明日も今日が継続している事を信じる意識の位置を維持し続ける。

自己保存の欲望は、不老不死の潜在的願望が、奇跡的展開で実現する事を、無意識的な意識で渇仰している。

生きる事から生じるあらゆる快楽は、天与の定めと、願欲の成就に生きる事に邁進する。

願欲の成就に障害となる全ての存在・現象・対象に、不平不満、不安迷いの意識が生じる時に、知性能力が障害に対処する事ができれば、未知の未来に希望があると信じる事で、祈り・

信じ・耐え・努力して、奇跡的な未来の希望に向かって今を生きられる。
逆に、知性を見失い、自己保存欲望に埋没する時は、絶望を恐れて逃れるために、悩み・苦しみ・恨み・怒り・争い、刹那の快楽・果実を追い求めて我欲に生きる事になる。

生命とその目的

生命の定義とは――
☆膜によって外界と区切られている【存在の独立性確保】
☆合成や分解等の代謝活動をする【独立性を維持するための活動】
☆遺伝子を複製する【活動の成果を記憶し継続する本能】
（『読売新聞　2020・4・25』歌人・細胞学者　永田和宏氏　【】内は推測）

この定義によれば、約36億年前に誕生した生命の記憶を、今生存している全ての生命体は共有している。生命の歴史は、自己複製を繰り返した事実の記録、その記憶を遺伝子で引き継いでいる。

今の生命は、どの様にして誕生したのか、物理法則的に考えてみた。
1　誕生に必要な素材（物質）が存在した。
2　物質は物理法則で科学的に反応する（反応の法則＝変化・現象）。
3　現象の一つの結果から物体が生じる（反応の特性＝集合・分離）。
4　物体の一部が空間を独占する（生命の定義では細胞）、独占欲の出現。

5　代謝細胞を維持するため、周辺環境のエネルギーを取り込む（独占欲＋維持欲の出現）。
6　自己認識が生じ結果・自己複製を繰り返す（自己保存欲の出現）、生物体誕生。

この様に、存在物質が物質体になり、自立変化する生物体化現象で、感覚器官を獲得して自立した生物体となり、感覚器官は環境に即応して、自立性を確保する。それが、自己保存則の始まり。

即応の内容を（意識・無意識）に記憶し、継続活用と複製をする。

ならば、人間の命・心とは何か？

生命の定義を利用して、勝手に推測的結論をすると……

人間は生命の変化した生命体で、生物の一種。特性として、環境に対する直観的（本能）反応作用に加えて、客観的（科学的）に認識し、意識・無意識に記憶を体系化させて、直観的（本能）と融合的に活用する知能を獲得した生物。客観的環境認識によって、意識が生じる。その対象線上に、ここにあげた問いの答えがある。

意識は、命の本質（本能）に由来する感覚器官（五感・六感）による環境への総合的な作用現象の理解。

自己存在の意識が強く働く時、自己存在の確認したい認識欲望の対象となる。

命の本質は感覚器官生命体、人間の命・心の思考は人間の感覚器官の思考とも考えられる。

感覚器官には知能（思考・記憶能力）がある。知識・智慧、それが命・心・精神。

命は、物質体が生物体に変化する事で生じた一形態で、物質の持つ特性変化の一つの結果。

命の本質は、物質が生命の定義を獲得したもので、環境と一体化している。

生命の仕組みについて

生命は、環境の変化に合わせて存在している（物質特性物理法則に従属）。

記憶は、意識・無意識であり、体験を体系化する知識に変化する（本能・智慧）。

記憶は、五感による環境現象の二次元的認識が主体であり、錯覚を伴う。

記憶は、過去の体験の一面一部分の集積であり、過去の現実化はできない。

知識は、体験の記憶で知能・智慧化のためには思考が必要（本能・遺伝子の思考訓練）。

感覚器官の総合的思考訓練は、眠り、夢の形で、生命の維持に必要不可欠な能力を維持する。

従って、夢・眠りは本能・遺伝子に由来する無意識的現象で日常的生命現象。夢はコントロール不可。

知能、感覚器官の発達を、歩きながら思い浮かぶままに考える――

周辺環境の変化に即応する能力は、知能（知識＋智慧）の総合力と考えて、人間の知的能力が飛躍的に増強した原因を思考していると「妄想・根拠がない」、へんろの自由思考仮説の一つが思い浮かんだ。

ミトコンドリアは原始的なウィルスで、他の細胞内に侵入して存在し続ける。

人類の一集団がウィルスに感染、共存した事が知能の異常的に発達する原因となった。

ウィルスは変異しながら、多くの人類・人種の集団に感染してゆく。

ウィルスの僅かな違いから、多種多様な知能の人類・人種の集団が出現する。

知能は、宗教的心理コントロールや、医学的・薬物・環境等の影響下では異常暴走する。

生命の仕組み

生命の始まる前と生命の終わった先はわからない。

＊染色体細胞、物質が存在を意識し記憶を維持する能力の獲得。

＊周辺環境を察知する感覚器官能力を持つ触覚（位置覚が感覚器官の主体・振動・リズム）。

＊周辺環境物質に反応接触して取り込む能力を持つ（遺伝子の出現）。

＊自己保存（複製）の能力を持つ生物体として恒常的な生命維持（環境適応・記憶伝達・分化）。

＊細胞の変化はウィルスの突然変異的なミトコンドリアの作用、知能の発達にも関与。

＊遺伝子（染色体の中枢的存在）は自己保存を繰り返す。

（以上、細胞の集合体出現について「放送大学」視聴情報を参考に推論）


物質に物理法則、生命には定義はあるが……

心＝精神、命の法則は聞かない！　生者必死？

感覚器官としての心の鍛錬・保持・充実は大切。感覚器官の質は心の質・命の質。生命は、生命が存続する事が主目的と考えると、生命の本性は不老不死。

生命の継続願望成就のための、遺伝子情報記憶継続であり、全ての生命体の存在は、生命の一時的な居場所に過ぎない。人間も生命の存続戦略に組み込まれた一体であり、食物連鎖の輪の一部・命の一形態に過ぎない。

命を一括りにすると、不殺生の意味も理解できる（つまり生死）。これが、一切の苦と楽の根源だと感じる。

生きる事は、命の持つ原理的な苦楽から離れた存在ではない。

生命の出現と存在

宇宙の出現と同じで、偶然か、必然かはわからない。生命とは、物質＋精神（心身の意識）と考えて、感覚器官の総合的な作用能力の結果、生じた環境に反応する意識と結論付けてみた。

感覚器官は、聴覚・視覚・臭覚・味覚・触覚＋総合感覚（六感・直観的想像力）。生命維持のために、周辺環境の情報収集と反応作用能力を持つ。

共通の機能は「位置覚」で、全ての記憶と連動している。

心身の意識「命・心」は

物質は、宇宙誕生で生じた変化する現象的存在（物理法則）。物質も精神も、現実的に存在する宇宙構成要素だと考えると、物質と精神は一体的に変化する存在となる。

精神の出所は、宇宙誕生と同時に物質と一体的に不可分な一部として出現した事になる。

すなわち物理法則の一部で、宇宙が誕生してから、変化する過程で生じた生命現象となる。

無常の生命の彼方を、どの様に描いて生きれば良いのか、生き方をへんろの知性は求め続ける。

科学と宗教について

ビッグバン、これは一つの仮説。物理法則探究の科学的成果として宇宙誕生を説く。

このビッグバン宇宙の学説は、多くの天才科学者による科学的探究の成果だが、人間が観察できるのは、全宇宙の５％だという。

生命体がなぜ存在するのか？　法則がなぜ存在するのか？　宇宙がなぜ存在するのか？は「神・仏」の実在証明と同じく確証に至っていないので、現状は仮説に留まる。

宇宙は神が創造した、これも一つの仮説。

５％の世界に存在する宗教は、全宇宙（世界）を証明的に説く事はない。

神は、人間が自己の命の存在を自覚する時に、命の本質と目的に対する究極的な答えの一つとして創り出した心理的な願望現象で、現実的象徴的な方向性を持つ信仰を条件とした思想。

「神・仏」は、人間が本能的願望の欲求成就のために、具体的に意識表現する対象。信仰において象徴的に実在する、人間がより良く生きるための「知性・智慧」による創造思考の成果と考える。

従って「神の神」は不問であり、「神・仏」は未知の宇宙95％の世界に存在するのかはわからない。５％の世界が、時空の法則によって存在しているとするなら、人間も存在の法則に従う事しかない。

すなわち、５％の世界の倫理に生きる事になる。

存在について

一般的にいう世界とは、地球の表面領域（山・野・海等）だが、科学や哲学・宗教では少し意味合いが違う。世界・宇宙・地球の関係はどうなっているのか？

（以下参考『宇宙が始まる前には何があったのか？』ローレンス・クラウス著　青木薫訳　文藝春秋）

世界が存在する。これは未知の領域で人間の知能では仮説的存在、その世界の一領域に宇宙が存在している。人間は宇宙のごく一部を科学的に観測し、認識している。

宇宙認識の現状――宇宙の始まりは、約１３７億２千年前のビッグバン現象後、約30万年の宇宙背景放射、光の出現で宇宙ができたという。

人類が宇宙について、現在の科学的根拠に基づいてわかっているのは、全宇宙（世界）の20分の１に当たる５％であり、95％は未知の世界。

この５％の宇宙とは、人間が科学的に観測可能な宇宙であり、光と物質の元素構成による「四次元時空」（多次元説もある）。「光の宇宙・物質の宇宙・生命の宇宙」であり、別の言い方をすれば「光の時間・空間の宇宙」であり、「変化する宇宙」と思える。

その一部に天の川銀河団があり、さらに一角に太陽系宇宙が存在し、地球はその恒星・太陽系の一惑星に過ぎない。

この５％の極小環境領域は、鏡像的な存在だと感じられる。鏡面を挟んでの、実像と虚像が存在する宇宙という空想。もし光の時空が鏡面なら、鏡面はこの世とあの世の境界線だ！

一方、宇宙の残り95％の領域は、ダークマター（暗黒物質）26・5％、ダークエネルギー68・5％の未解明の世界、仮説的な領域、未知の次元、暗黒宇宙、マルチバースだと、現在の科学が教えてくれる。

ならば、悟りの世界はこの95％の中に存在するのだろうか？

仏の悟りの世界は、釈尊しか知らない。

生命誕生前の世界、生命消滅後の世界、これらわからない世界を95％の世界だとしたら5％の世界での一切の苦は、極微な苦、すなわち世界の鏡の中で変化をコントロールできない、5％の宇宙なのかも？

わからない事はわからない、それをわかろうとする事から生じる人間の苦、この世では大きな苦。

心経的に、能除一切苦の生き方は「空」の生き方と考えて、渇仰し悟りの成就した境地とは、仏の世界（95％の世界）に生きる事になるのだろうか？

拘らない、拘らない、一切に拘らない。拘りを捨てて智慧に生きる、悟りに生き智慧に生きる事は、仏の悟りを頼りに生きる事であり、95％の宇宙領域に現世を超越した仏の悟りの世界がある、と信じる生き方だとも考えられる。

摩訶般若波羅蜜多心経は拘らない、「無罣礙《むけいげ》　無罣礙　羯諦　羯諦」であり、その事を察知する智慧の獲得が修行実践であり、その可能性は？　5％！　他力本願。

しょせん、人間に大悟はないとなる。

この様なへんろ旅の自由思考の結論には、もちろん根拠はない。

存在の意識

それは、感覚器官の能力が、客観的に総合的に認識する現象的実体。

その理由は――感覚器官は命の根幹で、自体の実体確認は必要性がない、物質法則に基づく現象の一つである故。

精神・心も、人間生命体が自覚する本能・知能の自己存在意識で、抽象的存在で、実体はない。

見えるもの見えないものを解き明かす、科学法則。

見えないものを見える形にする、心の世界・宗教・生き方。

物質の存在とは何か

光は時空を出現させる、それは――

【時間・場所・物質・物体】

【空間・位置・力量・精神】

現世とは、光が干渉する時空の一体化現象。

なぜ？　いつから？　どの様にして？　わからない！　わからないから勝手に推測してみる。

物質は常に変化する事で存在する（振動エネルギーの絶対的な存在）。

【原子核・原子・分子・物質・物体】

【生命・生物体・人間】

生物体は多種多様で、人間は一生物体。ならば命・心は反物質の影なのか？

物質の存在は人間の感覚器官で認識している意識で、光の世界での一つの事象なのか？

難しすぎてわからないので、わからないものは考えない事にする。

物質の構成要素を心経的に捉える

物質は元素を基本的な材料として構成されている。

仏教の解説書等にある世界観として、五大（地・水・火・風・空）があり、この考え方はギリシャのアリストテレスから発したと記載されている。

もちろん、現在の科学的な常識ではない（参考：『クォーク』第二版　南部陽一郎著　講談社）。

心経の「五蘊」は色・受・想・行・識だが、これは五大論に通じていると感じる。

心の構成要素である「五蘊」は、釈尊の説法の内容が長い口伝の時間を経て、言葉が文字化されて「経」の形で伝播される過程で、唐の僧玄奘三蔵によって漢訳された文字であり、五大と五蘊の思想観に差異を感じない。

同じ約2500年前の思想観だと、認識する事が必要だと考える。

精神について

意識・心・智慧であり、保存（悟り）を求める物質の、原理的本質を反映していると考えてみる。

物体は物質の集合なので、物体の本質は物質の保存則に象徴的に反応している。つまり、物質の存在を証明する。

反物質の影として存在し、物質－反物質の相対を打ち消して「無・非存在」を防いでいる。

心とは、存在する物体「色」に感応する、反物質の影が干渉する現象だと考えると、一時的に存在する現象的実体とも考えられる。

心経は、生命、心身は不可分一体で「空」と断言し、これを見極める能力は心の中の智慧であると説く。

大きな智慧で、智慧を完成するための修行実践を説いている。

心経は悟りの境地を、智慧により、五蘊を皆空と照見すると位置付けしているので……

心経の「悟り」は、物体とは何か？を解き明かす事でもあり、人間の智慧にそのための能力が備わっている、と説いている。

心・智慧は、物質の本性を見極める働きをする生命の構成要素として、精神性とは物質の保存則的意識と同等と感じる。

心経は悟りのために必要な、智慧を獲得する方法は「般若波羅蜜多」と説いている。

玄奘訳の心経は、般若波羅蜜多の内容説明であり、悟りのための行深の具体的な内容を示していない（この様に、心経を要約的に捉え、第五章に自説心経を展開しています）。

命の本性

他の命（エネルギー）を取り込んで、自己保存（命の存続）をする。

エネルギー（生物体）が変換されて、別の形に再編成される食物連鎖。存在している命は、他の命の存続を支えるために、命の交換役割から離れては存在できない。

存在に法則があるならば、存在する命の全ては命の括りにおいて同一。この世の生命は、この世が保有・保持できる生命量があるとの前提条件で考えると、この生命量をコントロールするのは「天災・人災」現象であり、人間はこの事を自覚する必要がある。

一つの命の死は、一つの命の生であり、その逆でもある。但し、これは現世の事であり、この世に誕生する前、この世から消滅した先はわからない。

人間の命・心・精神・意識は、遺伝子の設計図によって存在していると考えると、心身のどこに、どの様に存在しているのか？

学説によると、全身に約１００兆個あるともいわれる細胞の、約97％が遺伝子を持っているという。この学説に従うとほぼ全身に、命・心・精神・意識がある事になる。

人間の死を判断する基準として、一般的に報じられる「脳・心臓の活動停止」は、全身（命・心・精神・意識）の状態を要約している、身体の管理組織体の変化認識だろう。

気絶（意識不明）・ショック死・自然死（老衰）等は、管理部位が判断する結果の現象。遺伝子による自己生命のコントロールといえる。

全身の情報収集機能である神経は、命を命として存続するための中枢的重要な感覚器官。生命のスイッチ、心のスイッチである。

生命の出現は、神経・感覚器官の設計図に基づいて出現するが、その作者は不明。

存在の法則性に奇跡的偶然の乱れが生じる、これは法則の作者が意図した事なのか？

変化する世界で変化する現象生命、神経・感覚器官の乱れや不調が、身心に差し障りを生じさせる。その根源対策を考えると……より良い生き方とは、神経・感覚器官の管理次第。良く眠り・良く食べ・良く働く事になる？

生命の流れは——

【自立・変化・他立】

【自立・維持・継続】

【誕生・生育・遺産】

【遺伝子を引継ぎ・遺伝子を育て・遺伝子を引き継ぐ】

そうした命の設計図を理解するための努力が、生きる価値だと考える。

人間とは何か

歩きながら考えていると、自然的に思考の集約は「人間とは、生命とは何なのか？」に帰結する。

生命とは？の思考は、人間的知能で思考する事になる。

物質の科学法則に基づく進化の結果、時空性の持つ方向性に沿った必然的出現、科学的な法則に沿った生き方、科学的真理の存在解明を目指す。

生前・死後の解明は現状では不可。

生前・死後は宗教的教義に委ねる。

結論の出ない事柄については思議しない。

環境の全ては、空体での空観に変化する、故に一切の存在現象断面に捉われてはいけない。

理屈っぽい思考に答えはない。

感覚器官の認識と記憶

六感による認識とは——

五感＝視覚・聴覚・嗅覚・味覚・触覚、そして位置覚（視覚が主として作用する五感による総合認識、すなわち六感）による認識。

空間の認識とは——

感覚器官の創造的認識であり、点の集合を存在と認識する。

象徴的存在の創造的認識とは——

現象の存在・無常の存在の認識。

知識思考（六感の現象認識）の意識作用。

変化の存在と実感の変化＝音・言葉・音楽・形（図形すなわち絵・文字）。

生き方について

物質的（心的・精神的）に存在する「現世」は全宇宙の5％の光の世界。

見えるもの・見えないものを理解し、証明するための思考の形は……

主観的・直観的（五感的・心理的）現象の記憶に基づく「抽象的創造性」思考。

そこに立って生き方の方向性を思考すると、現世の存在根源が明らかでない現実的事実から、全ての悩み・不安・迷いが生じていると考えられる。

主観と客観は、表裏一体的な思考本体であり、一切の苦と楽の濃淡は、思考本体の絡みから生じるとして……

科学的に生きるか!?　宗教的に生きるか!?

「能除一切苦」は表裏一体の解体で一方的一徹に生きるなら、可能性があると感じられる。

言い方を変えた結論の一つは、現世は「神・仏」の世界か？否か？であり、5％世界の解が95％の世界を制する事は無理だろう。

現実的には、表裏一体を中和した生き方が最良に思える。

この世が不完全と考えて、完全な世界「神・仏」の世界に求める事が生き方の方向であれば、目的の方向性は　約95％の不明といわれる宇宙（反物質・暗黒の世界）だろう。

しかし、人間が求める最高の平安は光の世界の中に求めるべきで、光の世界の住民としては光の世界の「神・仏」を目指す。

科学的な結論の一つとして、人間は物質＋意識を獲得した知能生命体なのだろう。

知能、感覚器官の能力が創り出す「思考・記憶能力＝知識・智慧」のみでは生きられない。人間の命は、物質の持つ特性（変化・現象）を離れては存在できないから、心・精神は、感覚器官の能力が創り出した現象で実体は無く、身体・物質と一体化して生きる事になる。

そう考える時、命の終わりである「死」について一般的には心臓機能停止・脳機能停止・生命体異常損傷等だろうが、別の言い方をすれば……

生命の定義からの離脱（感覚器官能力の消滅）

身心の分離、命の存在の意識の消滅

という事になる。

身体は物理的、定義、法則で理解するとして、見えない命、心、意識の行方はやはりわからない。

～我が心　悩みの多さに　疲れてる　形がないから　わからないから～

～唯無心　透けた心で　歩く道　へんろ姿の　我を見ている～

五　再び、自由で気楽なへんろの思考へ

この様に、歩きながら心中自由な自問自答がへんろの日常思考。こうして繰り返すへんろ旅

で、心中もう一人の自分の存在が強まります。

それは虚像の自己、歩く足と心を一体化させながら、虚像と妄想的なテーマまで数々の問答。くだらない日常生活の事柄、非日常な事柄について繰り返し、繰り返し、とめどなく、時にはぼんやりと、心に浮かんだテーマの思考に埋没して、時を忘れて、何のためにへんろを？　何か得るものがあるだろうか？　命の末の行き先は？と、答えのない答えを創造的に想像して楽しんだ、これらは一面の記録です。

たとえば……

心はゼロから生まれ初めて、ゼロに終結。それは鏡像から実像への復帰であり、死によって心は鏡の内側にいた事に気付く。

生命は物質＋精神が一体化して変化する存在で「生命の存在＝一切の苦と楽」。

この様に、へんろ旅での思考は生命の科学的な定義とは関係のない内容です。従って、生命誕生の謎解きや、生命が存在する事で生じる一切の事象に対する答え等ではなく、自由に制限のないへんろの思考なのです。

以前に読んだ、死の準備万端での生き方が最高の生き方との一片の詩を思い出しました。

それは、生きる自由と権利には、死に備えた準備が責務であるとの考え方だと思います。

今、0の位置での生き方が大切だと考えています。

生きる事の「＋」と死ぬ事の「－」はイコール0だと思っています。

「神・仏」に対する心の位置

「神・仏」は、極微な不完全・非対称であるとの考え方を、思考の基盤としました。
この考え方が、長くへんろ旅を繰り返す要因の一つと考えています。

「神・仏」は、現世をなぜ完全に創らなかったのか？　創れなかったのか？　また、創り変えないのか？

現世は不完全で、完全・対称は存在しない。その理由の推測は、無常現象について定説・定義・法則・学説等が種々存在し、完全な統一が完成していないから。

前世・未来世はわからないから、そこに「神・仏」が存在する、宗教の世界が生じたと感じたのです。

「神・仏」が極微な不完全、非対称を内在していると推測し、これを視点を変えて考えてみると、完全な無からは有は生じない事になります。

無が、極微でも不完全性を有していれば、有は生じる。つまり、光は闇に相対し、物質は反物質に相対し、完全は不完全に相対し、極微な相対の差異から相対の消滅が生じ、その結果、現世が出現すると考えたのです。

現世は完全・対称の消滅の残存か、分離された一部ではないのだろうか？と遊び心は考えるのです。

現世に法理・法則があるとして、存在を考えると……

（一）物質的には科学（物理法則）があり、それは感覚器官による時空の位置認識です。

（二）精神的には宗教（神・仏の法理）があり、それは心理的生命現象の創造的な位置認識です。

たとえば、日常生活での「神・仏」との関わりを考えると、私は一年間のほとんどは「神・仏」を意識しない生活をしながら、正月には初詣でに行きます。

お賽銭・柏手・参拝・おみくじ・御神酒、そして沢山の（？）願い事が叶うのを無意識に信じて疑いません。そんな一種清々しい気分、これが「神・仏」との程よい距離感。

今、日本人である事の幸せをぼんやりと、そして当たり前と思っている日常の生き方がいいのです。

宗教と信仰について考えると

へんろ旅を非日常と考えて、日常生活と非日常生活の間には、適切な距離感を持つ必要性があると考えます。

宗教は人々の信仰によって存在していると考えると、教義等の一部分を常に意識して、そこから抜けられない環境に陥った場合は、信仰心は麻薬的な心理的作用で自己コントロールを失う事になるとも考えます。

結果として、他者（異教徒等）の存在を認めない心理的な状況によって、信仰の形が信仰の目的となり、心の自由を失ってしまい、宗教本来の目的を見失ってしまう恐れを生じさせると感じるのです。

「神・仏」が完全であるならば、全世界は完全一体的な存在で差別はないはずと考えます。

宗教と信仰は心の在り方でもあり、人間の日常生活で「苦楽」がある限り、宗教は存在し続けます。但し宗教の形や内容、在り方は変化し続けるでしょう（仏教的には無常）。

わからない事柄は、わからないと割り切って悩まない事です。

わからない事柄を、わかるための努力は必要だと思いますが、わからないと割り切る事も必要です。

たとえば、悟りたい！が悟れない。神仏に会いたい！が会えない。未来を知りたい！のに明日もわからない。等々悩みの種は多々で、そのために他力本願的な信仰が存在し続けるのです。

願望とその成就

俗に「人の命は地球より重い」といわれますが、命に重さはありません。あくまで比喩的な言葉です。

地球の重さは6×10^{24}kgだそうですが、命の重さは欲望の量に左右されると思います。

欲望は命の特性、人それぞれに欲望の対象・強弱・量が違い、それらを個性だと考えると、人の命はみな重さが違う事になります。命の重さは心の質量であり、欲望についてはそれぞれ存在する命が持つ普遍的な希望願望成就の意識です。ただ、この欲望・願望は悟るまで成就しないのが現実でしょう。

現世では、少なくとも永久不滅、不老不死はないのですから。

願望成就のために支払うべき必要な対価、すなわち願望成就条件については、その求め方と意志・意識の強弱によると考えます。

一　精神的（宗教的）な手法

永遠・永久・絶対を求めるなら、支払うべき対価も同じだけ必要となると考えます。

つまり、求める方向性が「神・仏」である場合は、対価は信仰心の証が必要となります。

その人が宗教の教義等に埋没的である場合は、複眼的な思考を否定する生き方を生じさせる事が考えられます。

二　物理的（科学的）な手法

これは、あくまで論理的な生き方です。

三　その中間的（中庸的）な位置

願望成就のためには、もし他の存在を否定する様な事になれば、自己の存在も否定する事と同じだと、常に考えて、自利欲望に埋没しない心掛けが大切だと思います。

人の個性、命それぞれの存在は現実的な事実であり、多種多様な生命体のごく一部が、全体を利己的に私物化する事は、太陽を素手で掴もうとする様なもので、自然法則、摂理にも反すると考えます。

雑感 その一

歩き続ける中で、浮かんでは消えた様々な思考、また少し形になった考え等を書いてきました。最後に、へんろ旅の非日常体験で感じた「まとめ」を「雑感」として綴っておこうと思います。

へんろ旅は、日常生活上の自由の束縛（法律・道徳等の義務・努力・責任）とは距離感がある環境のために、非日常に埋没した生活時間帯は、心理的に解放された気楽さや、穏やかな清浄感等が生じます。このへんろ旅最中の心地良さは、先にも書いた「四国病」そのものと思います。

ここまで綴ったへんろ旅思考の記録は、生命の科学的な定義とは関係のない内容です。生命誕生の謎解きや、生命が存在する事で生じる一切の事象に対する答えではありません。

へんろ旅思考は……答えのない答えを創造的に想像して楽しむ一面があります。へんろ旅で、自由に制限のない一つの思考の結論は、生命の存在とは一切の苦と楽で、一体化して変化する存在だという感覚です。

雑感 その二

自己の存在認識は、中道・ゼロ＝空の位置だという事です。

へんろ旅の心の位置は、日常と非日常の中間がちょうど良い。それは、異なる環境の接点であり、此岸と彼岸、悟りのある世界とない世界の境界域です。

哲学・科学的に法則の発見と立証。

宗教・信仰と修行による接点の超越。

そして、中間的に都合の良い距離感。

たびたび書いてきた様に、現世での自力自己完成はありません。

へんろ旅は歩きながら考え、変化する環境を消費しながら、環境に即応する能力を高める旅。

考えをまとめて、まとめた考えを捨てる旅。

とめどなく考える事は、とめどなく捨てる事であり、何を捨てるのかは流れに任せればいいのです。

古いものを捨て、新しいものを取り入れる。

新しく得たものは、古いものにして捨ててゆく。

心を空にして心を満たし、満たした心を空にする。

空の心の脳は空っぽ。

心の記憶を解放する。

軽い心。

そして、心の道のへんろ旅が始まります。「四国病」患者は、心の記憶を捨てる事ができません。

過去に囚われる事なく、未来を思い煩う事なく、日々の環境に適応して淡々として旅をします。とめどなく捨てる事で、必要な記憶の容量を保持しながら、懺悔の旅をするのです。

「あなたは良い人だ」と、出会った人に時々言われます。使いやすい・平々凡々・人畜無害・

無個性・お人好し・扱いやすい・無欲・鈍感等と感じるのでしょうか？

過去・未来に囚われず、目の前の環境に淡々として生きる事。それは、10年に及ぶへんろ旅のおかげなのかもしれません。

雑感 その三

以下、何となく心で感じた事の色々。

心身が安定的になると、諸願に対する拘わりが減少するのかな？

心の自由度が増して、自他共存・同等の意識が芽生えてきたのかな？

へんろ旅の結願とは、生き方の一つのけじめ、区切りをつけて日常生活に戻る事かな？

何のためにへんろを？との問いに、結願の時にはすっきりした答えを、自分自身の心の言葉で言ってみたいなあ！

人の生き方を左右するのが「心・欲望」の在り方であり、願望成就の意識対象と、その強弱は物欲・色欲・生存欲等によって色々です。願望成就の求め方は、人それぞれで、日常生活に戻る事はへんろの終わりの意味ではなく、次の生き方へのスタートだと思います。

苦に対する心構えは、捨てるのではなく、消すのでもなく、忘れようとするのでなく、逃げるのでもなく、厄を真正面に見据えて、苦の実体に対峙する。そして、原因を探究する。やがて、色々の対処方法等が心に浮かび上がってくる——と！　ここからが智慧の出番です。

宗教的・科学的に囚われない結論を出すために、我が心の智慧はどの様な働きをしてくれるのでしょうか？

雑感 その四

別格二十霊場の第八番「十夜《とよ》ヶ橋」の上で杖をついて歩いていると、「ここで杖をついては駄目だ！」と注意されました。

その後は二つの考え方で歩いています。

行脚の途上、この橋の下で空腹のまま一夜を過ごしながら、衆生済度へ一夜の（信仰の）橋を十夜の橋にもしようと決意された大師様。

その故事に象徴的な敬意を持って、十夜ヶ橋の上では杖をつかず、他の橋の上では同行二人、大師と一緒に歩いています。「南無大師遍照金剛」と心で念じながら……。

とはいえ、故事に拘る様な橋は現状にはありません。

大師様は大師堂、高野山の聖に即身成仏されています。

それでも、やはり大師様と同行二人、それが智慧の働きなのだと思うのです。

雑感 その五

毎回のへんろ旅の途上、種田山頭火の心の真底から湧き上がる様な命の叫び、宗教的哲学的な石柱の文字に接し、旅に生きる、無常に生きる、真理に生きる、智慧で生きる、と断言しているのを感じます。

まさに名言！　一方、我が人生88の時間帯は、少々疲れてきました。

無常、すなわち存在する全ての変化を何となくイメージしながら歩いていると、一切の拘りが薄れて、心中もう一人の自分と時々会話している様にも感じられます。

☆人には人の生命がある、人には人の正義がある、人には人の哲学がある。
☆人には人の宗教がある、人には人の経済がある、人には人の人生がある。
☆満足度のハードルを低くする、今日一日の、今この時々にありがとう。
☆同じ道を歩いていても、同じ時を歩いていない。同じ道と思っても同じ道ではない。
☆昨日と同じへんろをしても、今日は今日のへんろ道。
☆自身の参拝姿を心で観ながら歩いている。
☆まさに、人生即へんろ。

～歩くほど　寺が遠のく　道しるべ～
～紅夕陽　刻一瞬の　無常感　黄金の道を　心が走る～
～御朱印を　集める旅も忙しい　読めない文字を　拝ありがとう～
～旅終えて　みんな忘れて　気付く歳～

第五章 自説・般若波羅蜜多心経

――歩きながら思索した釈迦の教えの精髄

一　自説心経を考える基本的な心の位置

へんろは心経を思索する旅。

釈尊・悟り・説法・経……歩きながら様々な事を考え、へんろ寺を参拝し、般若心経を納経します。

へんろとは、まさに心経の縁を背景とした旅なのです。

在家信者にとっても最も身近で、読経や写経の機会も多い般若心経も、いざその内容を考えるとなると、大変に難しいものです。そもそも「摩訶般若波羅蜜多」という名称がよくわかりませんし、特に最後の方に出てくる「羯諦羯諦　波羅羯諦　波羅僧羯諦　菩提《ぼーじー》娑婆訶《そわか》」というあたりは、何をいっているのかお手上げというのも当然でしょう。

なぜなら、それらの言葉はどれも意味より音が大切な「真言」、あるいは一種の掛け声の様なものだからで、そうした点から読んでいかないと、理解できないからです。

そこで本章では、そのあたりの事を文献と体験を基に、悟りに無縁な立場から「自説心経」を考えてみました。以下、綴っていく内容の多くは、へんろ旅中の思考での夢想的な内容が基盤となっています。

最初に、参照した文献や思考のあらまし等をまとめておきます。

心経の漢文訳は理解への最大のヒント

摩訶般若波羅蜜多大明呪経……鳩摩羅什《くまらじゅう》

般若波羅蜜多心経……玄奘三蔵

仏説般若波羅蜜多心経……義浄

普遍智蔵般若波羅蜜多心経……法月

般若波羅蜜多心経……般若

文献を参考に心経を考えてみる

『面白いほどよくわかる仏教のすべて』金岡秀友監修　日本文芸社

本文２６２文字＋経目２７０文字を対象

『般若心経入門』松原泰道著　祥伝社

本文２６６文字＋経目２７６文字を対象

般若心経を仏教理解の入口と考えてみる

・釈尊の説法に基づいた経と位置付ける。

・説法や口伝から文章化、それが訳されて伝播したものと考える。

・見聞機会の多い「仏説摩訶般若波羅蜜多心経」を仏教の基本原理の一つと捉える。

理解した内容概略と留意点

・因縁によって現象が生じる、「原因」と「結果」の理法。「色・空」の関わりを説いている。
・経の翻訳・翻訳者の力量。経中の音訳の理由はなぜか?を推測する。
・解説内容はそれぞれ、解説者の人間力とその意図を反映している。ならば、学ぶ者としての自己、すなわち無知・無学・無謀と思考位置を意識して推論、自説心経論を展開する。

心経の目的は、自己の心を見極める事

・智慧によって悟りの存在を知る事。
・悟りに至る方法は、生き方を理解して実践する事。
・智慧、悟りの完成で解脱する事。

般若心経の構図

・経題と悟り【大きな智慧で智慧を完成して、智慧の本性を見極めるという経題】
・悟りの結論【観自在菩薩が悟りにおいて、存在の実体本性を「空」と見極めた】
・以降の解説【諸法空相で見る現実、悟りに至る般若波羅蜜多の重要性の説明】
・悟りの完成【悟りの真言・呪・言葉であり、悟りの情景】

心経を考えるために

・読誦し、また解説書等の諸本を読み、得た知識等を理解するために心で思考する。
・心で考え、心で智慧思考するために、健全な身心を確立する日々の努力をする。
・へんろ旅はその手段の一つと考える。

心経の文字の一部をわかりやすく

・度一切苦厄＝悟り、一切滅苦、涅槃寂静《じゃくじょう》
・亦＝又
・悉＝ことごとく
・若＝もしくは
・故＝ゆえに
・即＝すなわち
・是＝これ
・或＝あるいは
・漸く＝ようやく
・敢えて＝あえて

心経は、心の中に仏『悟り』があると説く

・心経は、心を見極める心の経と考える。

・空海大師『般若心経秘鍵《ひけん》』

それ仏法遥かにあらず　心中にして　すなわち近し。

・一休禅師『般若心経について』

よもすがら　仏の道を　尋ぬれば　わが心にぞ　尋ねいりける。

漢訳の背景を考える

・唐の僧玄奘が、漢字に訳し伝来した般若心経は「重要な部分は音写」だとの解説書の説あり。

・玄奘三蔵はなぜ音写にしたのか？

・漢字の国でも、新しい宗教・哲学思想であり、漢訳する事で経の本意を、錯覚や誤解させない方法として、音写訳にしたのではないか？

・玄奘は漢字の国の名僧、三蔵法師。新しい思想を正しく推測して、理解できる様な漢字で音写（以下、グレーのアミ掛けの箇所）したと推測する。

仏説摩訶般若波羅蜜多心経

観自在菩薩　行深般若波羅蜜多時　照見五蘊皆空　度一切苦厄　舎利子　色不異空　空不異色　色即是空　空即是色　受想行識亦復如是　舎利子　是諸法空相　不生不滅　不垢不

浄　不増不減　是故空中　無色無受想行識　無眼耳鼻舌身意　無色声香味触法　無眼界
乃至無意識界　無無明亦　無無明尽　乃至無老死　亦無老死尽　無苦集滅道　無智厄無得
以無所得故　菩提薩埵　依般若波羅蜜多故　心無罣礙　無罣礙故　無有恐怖　遠離一切顛
倒夢想　究竟涅槃　三世諸仏　依般若波羅蜜多故　得阿耨多羅三藐三菩提　故知般若波羅
蜜多　是大神呪　是大明呪　是無上呪　是無等等呪　能除一切苦　真実不虚　故説般若波
羅蜜多呪　即説呪日　羯諦羯諦　波羅羯諦　波羅僧羯諦　菩提娑婆呵　般若心経

仏説摩訶般若波羅蜜多心経の要約

（一）大きな智慧が存在する。智慧の環境を整えれば悟る事ができる。
（二）悟りとは智慧で、命（存在の実体）を空と見極める位置を獲得する事。
（三）智慧の修行実践で獲得する悟りが、智慧の完成。
（四）悟りとは心の奥底の智慧の呪である。
（五）心の呪・命の呪・智慧の呪・悟りの呪を確かな言葉で確かめよう。
心経では、智慧の実践修行に関しては「般若波羅蜜多」としか説いていない。

この様にして文献を読み、へんろ思考を重ねる中で掴んだ一つの総括的な結論。それは、人には人それぞれの心経がある、という事です。

それは、智慧によって命の持つ一切の厄に対処する生き方。釈尊の教え（説法）の一つであり、仏説と摩訶、般若が重要な意味を持つ、この経は釈尊の説いた新しい般若波羅蜜多心論と考えます。

仏説と摩訶、般若——釈尊は、この摩訶般若を発見されたのです。

そして、大きな智慧の存在を知る事で、心・命・智慧の本質がわかる「中道」の位置を説いています。中道の良い環境と維持が命の本体、智慧の本性を解き明かす方法だと説いているわけです。

また、生き方として般若波羅蜜多修行の重要性を説いています。それは、三密・六波羅蜜・八正道等の修行実践を指していると考えられます。

心経は、生命の実体と在り方についても一つの答えを示しています。

人間の心身について、色即是空、空即是色と断じていますが、これは智慧による、悟りで見極めた「五蘊」の実体だと説いているのです。色と空は一体的で不可分といっているわけです。存在する物体は、通常対照性認識が基本と考えますが、心経では存在する命は「身体＝色」と「心＝空」の対照であり、心身の関係は不可分、非対照になります。

存在する一切は一体的関係であり、心の智慧が最高の状態で認識した「空」だと説いているのです。人間生命の実体を五蘊皆空と断じる。この五蘊とは、「色」と「受」「想」「行」「識」であり、心経はこの色と空の関わりそのものを「空」と断じるのです。

この空とは、五蘊は区別ができない一体であり、認識としては「色＝空・空＝色」となるわけです。

これが、色は物質性（身体）として、空は精神性（智慧）とする一般的な考え方に対しての、私なりの答えです。

二　へんろ思考で得た心経の結論

人間の生命は、物質特性と精神特性を離れては存在し得ないという答えを手がかりに、へんろ旅をしながら考えた心経についての色々。以下では、そこから得た結論の様なものを書いていきます。

すなわち――

結論（一）【悟りの存在を示している】
結論（二）【悟りのために、智慧で心の波を取り除く】
結論（三）【釈尊の説法を弟子たちが理解した内容】
結論（四）【度一切苦は、摩訶般若の存在に目覚める事】
結論（五）【心の智慧で生命の本質を見極める】
結論（六）【悟りの概要と解脱】
結論（七）【悟りは智慧の完成「五蘊皆空」】
結論（八）【心経雑感】

の八つです。

結論（一）【悟りの存在を示している】

その理由、「行深般若波羅蜜多」という部分は「悟りは智慧による修行実践の結果」を示している。

それは、心とは何かを自覚するという事。

まずは「摩訶般若」、ここがわかれば般若心経願解の足場が固まる。

大きな智慧の存在を説いた「摩訶般若」は、釈尊が悟るため発見した心の位置。大きな智慧によって、智慧の本性（真理と道理）が感得できる。智慧＝般若は悟るために必要不可欠で、心の中に存在する。それは、般若波羅蜜多の実践で発露する。

続いて「般若波羅蜜多」の部分、ここは智慧の修行実践の成果が悟りだと説いている。智慧の完成のために必要なのは、般若波羅蜜多（三密・十善戒・六波羅蜜）の修行だとする。

「観自在菩薩」以下は、仏の悟りである「行深般若波羅蜜多」修行の成果の説明。修行の完成は智慧の完成で、悟りを開く事ができる。悟りは存在を一体的な五蘊皆空と見抜く智慧の完成で、空の真理を見極める位置、悟りに至る。

「舎利子《しゃりし》」以下は、空の立場で現世の一切苦に対処すべしと説いている。空は般若波羅蜜多によってのみ、空の境地が理解できる。般若波羅蜜多によってのみ、悟りの境地、智慧の呪が獲得できる。呪はこの上のない神呪であり、この呪によって能除一切苦は疑いのない真実となる。

今、悟りの呪を言葉にすれば「羯諦羯諦　波羅羯諦」と説く。この「羯諦羯諦」は、一種の号令。悟りについて理解できたなら、三世《さんぜ》諸仏に続いて、さあ！　悟りに向かって、悟りの呪の成就のために、波羅蜜多に生き、波羅蜜多での悟りを目指そう！と、生き方を促しているのだ。

結論（二）【悟りのために、智慧で心の波を取り除く】

「波羅」を、視点を変えて考える。文字の並びに従って、考える形を変えてみる。以下、文章判読の方便。

＊三密（身・口・意）とは、心の中は清浄、口の言葉は感謝、行いは正しく、でも良い。
＊四苦八苦を要約して、四苦でも、単に苦でも良い。苦の基は一つ、命の存在だ。
＊六波羅蜜は、智慧の完成↓精進↓布施と順が逆でも良い。
＊十善戒も、不殺生が先でなくても、不邪見の結果が不殺生、その他に関係するのでも良い。
＊漢字の読み書き、文法等を無視しても、本意を方便的な方法で理解できれば良いと考える。

これらの条件で、以下考察する。

「般若波羅蜜多」とは、サンスクリットの音写で「パンニャー　パーラム　イ・タ」（以下、解説書を参考に）。

その意味は「智慧で・彼岸に・渡る」つまりは悟りの境地である。

すなわち「智慧」を「パンニャー」、「彼岸」を「パーラム」、「渡る」を「イ・タ」と読んで、

①般若、②波羅、③蜜多を、①「智慧は心の本性」、②「彼岸は悟りの境地」、③「渡るは動く行為」と置き換える。

動くは行動する事、行動するのは心、心の向かう方向は、彼岸（現世と相対する位置）である。

彼岸と此岸の中間に心の川・河があり、その河底は心の眼でしか見えない。心は此岸の位置から彼岸に渡るが、どの様な所を、どの様にして渡るのか？

心の川・河とはたぶん、煩悩・欲望から生じる「厄」だろう。川・河の状態が明確でなければ、簡単には渡れない。

これを渡る能力、それが心の智慧・心の眼なのだ。

智慧の獲得は、一切の厄を払いのける修行の実践。「蜜多」は濃密な内容を意味し、無限に近い智慧の内容、仕組みを観る悟りの入口であり、彼岸を望む位置となる。

一方、「波羅」とは、智慧の力で心の川・河の波を鎮める、取り除く事。「羅」は心の静寂、一切の厄を除去した心であり、波羅は心の波を取り除き、心身の迷いがない事を意味する。波が無くなれば、河の底が確認できて、彼岸に渡る道筋が見える。

そして、智慧の世界に至る。

彼岸は悟りの境地であり、そのための道筋が「般若波羅蜜多」なのだ。

さらに「摩訶」とは、理解しがたい大きさ、想像できないほどの空間であり、転じて時・空の超越。摩訶の智慧によって心の波が消滅し、摩訶の智慧の中に般若の悟りの境地がある。

この般若・波羅・蜜多は、先ほどあげた方便の様に逆の順でも良い。

すなわち、③蜜多（悟りを意識し行動する）、②波羅（行動する実践で智慧を得る）、①般若（智慧によって智慧に生きる）でも、悟りに至る事ができる。

「心経」において心と経は別であり、「心」は心の仕組み（本性）を解き明かす摩訶の智慧（摩訶般若）で、「経」はその説明と考えれば良い。

煩悩の川を渡る時は、感謝の心の言葉＝呪「羯諦羯諦」によって、「大乗」すなわち皆で悟りを目指して生きよう。玄奘三蔵は、彼岸（パーラム）を「波羅」（心の波の羅）にして智慧を活かす、と漢訳した天才だ。

もちろん、波羅のための修行実践が必要不可欠である事はいうまでもない。

結論（三）【釈尊の説法を弟子たちが理解した内容】

般若心経の作者は、釈尊の複数の高弟だ。

釈尊の悟りの背景として、釈尊が出家の時には「般若波羅蜜多」の修行求道者が存在していた。しかし、釈尊は従来の求道方法「般若波羅蜜多」では悟れない事から「摩訶般若」の存在を発見された。

その存在を獲得するため、環境とその維持の方法として「中道」の修行を確立した。中道とは、すでに書いた通り身心双方が正しく健全な状態で、「心の本性」を見極めるための修行をする位置の事。

釈尊の悟りは「摩訶」または「摩訶般若」の発見で、人間で唯一最初の大悟者になった。

般若心経は、そんな釈尊の説法に基づいた、弟子たちによる作品で、後に経典の一つとなる。

その構図は、釈尊の説く「空」に的を絞り、智慧者の弟子である舎利子の基本的な解説内容を取り入れて、空の要約を他の高弟たちが総合的にまとめた作品だ。

舎利子の解説は、以下の二つ――
①色と空の関係である「色即是空」
②空の立場で存在を認識する「諸法空相」
ここから、次の様な「般若波羅蜜多」の内容が展開している。

仏の世界の仏観自在菩薩は五蘊皆空を照見し悟り、度一切苦厄に至っている事。

空を照見する智慧は、般若波羅蜜多の修行行深から生じる。その修行実践内容は、四諦《したい》・八正道・三密・十善戒・六波羅蜜等釈尊が弟子を指導している情景を想像した項目で、この戒律を守る事。

空の生き方は、智慧の悟りとしての真理で生きる事。

最高の悟りは、呪・真言である事。

呪は心の言葉、心の悟りの言葉、言葉は寂静、すなわち迷いがない「菩提娑婆呵」の状態である事。

この様な内容を、応対を必要する相手に対し、力量・人数・環境等で、時々の状況に合わせて師の代理として説法するために総合的に整理要約。高弟たちが共有し活用するべく密かにメモ化されていたと推測する。

こうしてできた「心経」は、たとえば次の様に活用されたのだろう。

高弟たちが師の留守中に、釈尊の説法を受けようとして集まる人々や、出家弟子入りした後輩に対し、師の説法の一部を相手の力量を推測して伝えた。

あるいは、師の補佐の役割を果たすための基礎的な資料として作成し、基本的な教材として、高弟間で共有し活用していた。

これらの結論にもちろん証拠はなく、祇園精舎の情景を想像しながらの推測だ。

「仏説」を冠とする「仏説摩訶般若波羅蜜多心経」の存在から推察すると、釈尊が悟り、説法を始めた時はまだ仏陀・ブッダでなく、現実に生存している「悟りを得た人間」だったのかもしれない。そこでは釈尊は、悟りを開く事により仏陀・ブッダの智慧の世界を教えるという、現実的な立場を示している。

当時、般若波羅蜜多は他の修行者の目指していた位置で、誰も未達成の時代、釈尊は先にあげた「摩訶」の発見で「般若波羅蜜多」を初めて完成されたのだ。

結論（四）【度一切苦は、摩訶般若の存在に目覚める事】

生命の本体に、大きな摩訶の智慧が存在する。この智慧で生命の目的を観じると、身心と命の関係を知る事ができる。それは五蘊皆空・色即是空で、摩訶の智慧で生き、智慧で生きる実践で、心無罣礙《しんむけいげ》に生きる環境を整備する。

智慧で見極める悟りの本質は、呪・真言、その枠としての「羯諦羯諦」で、摩訶般若によって波羅蜜多が完成する。

智慧の完成で悟る「解脱」は、生命最高の願望成就である。

智慧と知識の区別をいうと、知識は周辺環境の実体を、五感で感じた思考意識の結論的記憶。「客観的認識記憶＋感覚器官の記憶」であり、智慧の源泉となる。

他方、智慧は心の記憶を外部環境として、即応速断する。記憶を活かす能力である智慧は、知識を鍛錬熟成して生命に必要な記憶に変える。

結論（五）【心の智慧で生命の本質を見極める】

仏観自在菩薩の様に、般若波羅蜜多の修行で悟りに至れば「度一切苦厄」に生きられる。悟りの生命（永遠の命）は心の中のもう一つの心で、智慧の完成。以下、心中の説明をすると――

＊摩訶とは、時空を超越する大きさで、サンスクリットの「マハー」の音写（多数の解説書等）。超越的実在・超越的無意識・実在的無意識・宗教的無意識であり、空の存在を認識する大きな智慧、存在（時空）を超越した無我の世界。

＊如来とは、サンスクリットの「タターギャタ」の漢訳で、最高の智慧の完成。

＊観自在菩薩とは、仏の存在の象徴。

＊行深とは、瞑想、六波羅蜜の修行実践、観自在菩薩が深遠な智慧の完成のために行う修行。

＊五蘊とは、色・受・想・行・識で、存在の実体、身心構成の要素と働き。蘊とは、働きをしながら寄り集まっているもの。

①色＝物質・現象

②受＝外界からの感受作用

③想＝受を概念化する（色・形）

④行＝意志と行為（対象に対し）

⑤識＝対象の個別認識

＊五蘊皆空とは、五蘊は空に集約されるという事で、五蘊の実体は色と空、物質性と精神性で成り立っている（一体的で本性は空）。

＊五蘊は現象であり、生命の存在は精神性と物質性の一時的な干渉現象。皆空は悟りの境地、存在を見極める智慧の完成で、度一切苦厄に通じる。

＊空の本質、存在の実体現象は常に「精神＋物質」双方の特性を持つ。空は存在を超越した摩訶の智慧で、存在の実体を認識する（現象の認識と意識）。

＊これにより、空は存在する実体の固定的な自性を否定する。すなわち「因・縁」（直接・間接）の原因である。

＊舎利子は、釈尊の弟子のシャーリプトラの事で、空を説明する智慧者。智慧を解説する代表として登場する。

＊舎利子は師ブッダの言葉として、存在の実体は現象、これが空の真理であり、諸法・全て

は現象の存在と語る。

＊菩提薩埵《ぼだいさった》すなわち菩薩は、智慧の完成修行実践で悟り、涅槃に安住する（究竟涅槃＝涅槃寂静）。

＊三世諸仏とは、過去・現在・未来の仏の事。

＊得阿耨多羅三藐三菩提《とくあのくたらさんみゃくさんぼだい》は、サンスクリットの音写で「最高の悟り」の意。

＊大神呪とは、真言・マントラで「真実の言葉」。般若波羅蜜多は智慧の完成、真言の呪の完成の意。すなわち智慧の完成において、全ての存在には実体が無い（心の象徴的意識）と見抜く事。

＊呪は「空・真理・真言」であり、言葉にすると「羯諦羯諦　波羅羯諦」。心を見つめる、智慧で見つめる、感謝の思いを込めて般若心経——心の中に本物の心がある、それが呪としての「羯諦羯諦」。

結論（六）【悟りの概要と解脱】

仏の悟りの世界を説く「仏説摩訶般若波羅蜜多心経」において——

「観自在菩薩」以下、仏の存在と悟りの内容、悟りのための深い修行により、智慧の完成で存在生命を空と見極める事、そして空を理解した生き方を説く。

また「舎利子」以下、「不生不滅……」と般若波羅蜜多に生きる事の重要性が説かれる。

修行実践の成果により「究竟涅槃　三世諸仏」が実現し、修行の実践はそのために努力した内容に比例する。

修行し、拘りを超越して自由な心の獲得に至る「呪」は心の悟り＝智慧の本性である。大悟は呪・真言であり、悟りの心に真言が満たされる。

真言を心の言葉にすると、「即説呪日」「羯諦羯諦　波羅羯諦　波羅僧羯諦　菩提娑婆訶」は心の悟りである。

結論（七）【悟りは智慧の完成「五蘊皆空」】

空を知り空に生きる事が、心経の核心。空の位置は悟りの境地であり、五蘊皆空とは、空とは何か？　これがわかれば、悟りがわかり、心経がわかる。

知識思考の教材として、方便的に「水」について考えてみる。色＝物質性実体である水は、方円の器すなわち四角くても丸くても器の形に従う（環境の状況に柔軟に対応する）が、その本質は変わらない。

ここでの水の存在は感覚器官が認識する意識で、液体・気体・固体であり、存在する物質が変化「現象」している形状の断面。現象は外部環境の様々な要因によって、生じる。現象の要因に実体は無いので、認識する実体も現象の一瞬的な形状に過ぎない。

これが、五蘊である。

感覚器官と認識は外部環境に対しての反応作用であり、一方の心＝智慧も実体が無く、物質性（色としての水）と一体となる時に初めて、生命としての現象的実体の存在となる。

色と心は一体的な関係であり、これを空という。

生命は「身心一如」、すなわち「色即是空」。六感が認識する一切の色・形・匂い・温度・量・触感等は、空の立場では全て現象である。

空の真理を理解するには、悟りの境地を獲得する必要があり、そのための「行深般若波羅蜜多」と、悟りの世界の真言・呪の獲得を説くのが心経。

「羯諦羯諦」の心の言葉で生きよう。

結論（八）【心経雑感】

◎悟りは人間の本能が持つ最大欲望
・悟りは解脱の世界で、日々の生活に差し障る一切苦厄の解消。
・悟りは智慧の完成で、記憶の完成。これは、記憶の初期化↓生前の世界に至る事。
・解脱の世界は、現世の生命が知り得ない世界。
①生命が存在する前の世界・生命の記憶が始まる前の世界・生命を存在させた真理
②生命が消滅した先の世界・生命の記憶が終わった先の世界・生命の行き先の真理
◎生命の欲望と一切苦厄
生命の仕組みは、不老不死・永遠の生命の潜在的無意識を背景に持つ、記憶の継続、生命の継続であり、この欲望が一切の苦と楽を生じさせている。
◎記憶と意識、遺伝子は命の記憶

・記憶と意識の継続が、生きているという事。
・記憶と意識の能力は生命の力。
・記憶と意識の継続時間は生命の長さ。記憶の始まりが生であり、記憶の終わりが死。
・記憶と意識は、生命体の環境に即応する能力。
・知能における記憶＝思考（知識＋智慧）が判断し対処した、結果体験等の意識記録。

◎記憶と思考、思考は記憶の意識化

・本能と生命の思考……生命は常に変化する。
・知識と科学の思考……環境は常に変化する。
・記憶の意識化、記憶の更新、記憶の伝承。遺伝子の更新と伝承の継続（先祖と子孫）。
・生きる事は、記憶の継続、生命の本性、生命の目的完成のための絶対的戦略。
・記憶の曖昧さ、思考の曖昧さ、この不完全さが苦を生じさせる。
・生命の記憶には、厄と感じる領域がある。その一つが罪（過ち）の意識。
・記憶も意識も思考も、生命と一体化して変化する。

◎心の不完全性の無意識的意識

・記憶から生じる苦の解決手段の一つが宗教。仏教的には徳目、懺悔等。
・生きる事での一切の苦厄は生命の本性、記憶の継続願望に由来する。
・音〜強弱〜声〜言葉〜
言葉＝意思の表現↓記憶・記録↓口伝・内容の変化。

・形〜痕跡〜図形〜文字〜
文字＝意思の表現→文章・記録→保存・理解の変化。
・形は、変化する実体の瞬間的な断片。過去・現在・未来も形の無い実体の存在。
・過去の一切の記憶は変化する存在（象徴的存在）。
・記憶は正確な過去の経験・思考の再現ではなく不完全であり、一切の過去は現実化できない。
記憶は過去の現象的現実に過ぎない。

◎生命の継続・眠りと記憶

・生命の継続に不可欠な本能の記憶は、智慧の働きで整理整頓される。
・体験学習等の知識記憶は、睡眠中に整理・整頓されて「超越的無意識記憶」と照合して再構築される。
・良質の記憶と良質の睡眠は、良質の健康と健全な生命の源泉。

◎欲望抑制の仕組み

・本能は欲望を抑制、または調整する能力を持つ。
・これは本能を管理するもう一つの本能、「智慧」の存在を意味している。
・身心の健全を保持するには、管理本能の欲望抑制能力を正常に維持する必要がある。
・本能も智慧とすると、その智慧を管理する智慧。これが仏教的には「摩訶般若」である。

以上、へんろ旅の日常として、思考の自由を楽しんで得た思い――

それは、知識の智慧化、意識の無意識化、
常に変化する環境に、自然体で適応し、
日常に発生する喜怒哀楽に、直感で対処する事。
まさに般若波羅蜜多心経の説くところ、と自分ながらに驚くばかりです。

第六章　参考資料等

一　釈迦・世尊・釈尊

（参考文献：『面白いほどよくわかる仏教のすべて』金岡秀友監修　日本文芸社）

釈迦降誕

ゴータマ・シッダールタとして誕生。

紀元前566年（463年説あり）4月8日。

インド（天竺国）北部、カピラ国のルンビニー園で王子として誕生。

当時の社会的な背景

カースト制の社会、宗教はバラモン教（ヒンドゥー教の源流）、ジャイナ教等。苦行・解脱、因果の道理、善悪・快楽の否定肯定が存在していた。

宇宙の真理としてのブラフマン（梵）、個の根源としてのアートマン（我）等、バラモン教やウパニシャッド哲学の考え方が主流の時代。

これに対し、釈迦が目指したのはブッダ・仏陀の宗教的思想で、サンスクリットのブッダは「覚者」「真理に目覚めた全知者」を意味し、智慧の完成で永遠の平安を得ている状態を示す。

悟りを目指して出家、釈尊に

29歳で出家、35歳で悟る（一説に19歳で結婚、24歳で出家、30歳で悟るとも？）。

出家、修行6年間、求道者として修行の日々。苦行の末に、真理は極端でなく中道にあると悟る。

35歳の12月8日、ブッダガヤの菩提樹の下で悟りを開いた。その直後、サールナートの鹿野《ろくや》苑《おん》（ミガダーヤ）で初転法輪《しょてんぽうりん》（最初の説法）、修行仲間の5人に四諦・八正道を説く。

釈迦族の王子は悟りを得て、釈迦族の尊者すなわち「釈尊・世尊」となり、後に「仏陀・ブッダ」となる。世尊とは、現世にあって最高に尊敬できる人の意味で、釈迦族の尊者＝釈尊。

その後、45年にわたり伝道、80歳の年の2月15日に入滅（ニルバーナ・涅槃）。

入滅後、約１００年を根本仏教、４００～５００年後、文章化された経典が結集《けつじゅう》、そこから大乗仏教が起こる。

釈尊の説法

釈尊は仏陀・仏の世界と、悟りの成就を説く。その口伝は、やがて経となる。釈尊の説法、「摩訶般若波羅蜜多心経」はその一つ。

仏教の世界観、それは迷いの世界としての此岸と、悟りの世界としての彼岸。

縁起（原因・条件と結果）による因果応報、すなわち条件の作用・働きが万物の根本。

四諦すなわち四つの真理（苦諦・集諦《じったい》・滅諦《めったい》・道諦）のうち、迷いの基である苦諦と集諦を乗り越え、悟りに至る滅諦と道諦を極めるため、八正道の実践を説く。

人間の基本的な苦を「生・老・病・死」の四苦とし、生きていく上での苦である愛別離苦《あいべつりく》・怨憎会苦《おんぞうえく》・求不得苦《ぐふとくく》・五陰盛苦《ごおんじょうく》を加えて八苦とする。

此岸の世界は「六道」すなわち天・人・修羅・畜生・餓鬼・地獄を輪廻する世界。彼岸の世界は「涅槃・解脱・悟り」すなわち極楽浄土・仏陀の世界と説いた。

釈尊の説法に基づく経典の言葉等

仏の種類に、三世諸仏とは過去仏、現在仏、未来仏。また仏の三身《さんじん》とは法身《ほっしん》仏（宇宙の真理）、報身《ほうじん》仏（修行の結果・菩薩）、応身《おうじん》仏（成道・釈尊）の事。

色とは、存在する事象・空・実体の無い現象存在。

密教は、真言・マントラ・呪文の呪術が起源。真言（呪文）はサンスクリットの「マントラ」の訳で、このうち比較的長いものを陀羅尼（サンスクリットの「ダーラニー」の音訳）と呼び、「記憶する能力」を意味する。

一方、顕教は経典に釈尊の教えがあるする。

密教は大日如来の現世を説き、即身成仏・入我我入《にゅうががにゅう》・仏凡一如を目指す。

密教の宇宙観、根本仏である大日如来中心の仏の世界を描いた両界曼荼羅のうち、胎蔵界曼荼羅は大日如来の理法を表現。他方の金剛界曼荼羅は、煩悩を打ち砕く堅固な大日如来の智慧を表す。

三密とは、密教の修法で身密・口密・意密、すなわち身体と行動、言葉と発現、心と考えについての教え。

護摩とは、サンスクリットの「ホーマ」の音写で、護摩木等を焼く修法。

禅定とは、知識を瞑想によって智慧化する修行の事で、禅とは自由で拘りのない精神を表す言葉。

釈尊についての勝手な憶測

ゴータマ・シッダールタは、人間は悟る事によって仏になれる事を証明した最初の人間。

悟りを開けた人間は釈尊ただ一人であり、普通、人間は悟れない。世尊は奇跡の人である。

釈尊は、難行・苦行の極端な修行では修行そのものが目的となっている事に気付き、悟りには中道の位置が必要だと、大きな智慧によって発見をした。

釈尊の悟りは客観的に歴史的な事実。その根拠として、説法・経典の存在がある。

悟った釈尊は、仏陀・ブッダ（覚者・全知者）の世界を説いた。覚者・全知者は、存在を超越＝時空を超越していて、人間の知能思考力では確認できない。

悟りを開いた者だけが「観じる」世界なのだろう。

釈尊が悟りを開くための行動をした時には、悟り・ブッダ＝覚者の宗教的思想が社会的に存在していた。

悟り・ブッダ＝覚者を目指す求道者が多く存在していたが、完全な悟りを開いた求道者はいなかった。彼ら求道者の目指す悟りは、神通力・不老不死の能力獲得と推測される。悟りを開いた釈尊は、悟りで獲得した能力で奇跡を行い、悟りを証明する事で悟りの成就者となった。悟りを開き、悟りが認められ、受け入れられた結果、世尊と呼ばれる存在となる。

釈尊の悟りは摩訶、智慧の獲得で生命の仕組みの根源を解読した。

釈尊の悟りは中道の位置

釈迦は悟りを開く修行において、物質・身を主体的にした修行に疑問を持ち、精神・心を主体とした修行に悟りに至る鍵がある事、すなわち「摩訶般若」に気付き、人間として初めて悟りを開いた。

釈迦の説く摩訶般若波羅蜜多心は、命と心の正しい在り方の一つの指針として、中道の生き方と方向性を具体的に示す。拘らない、偏らない真理と智慧に目覚めるために、対象への拘りを否定する。

釈尊の伝説

釈尊の生前は仏なのか？　仏陀の世界から来た仏の化身なのか？

摩耶《まや》夫人《ぶにん》の右下脇腹から誕生？　すぐに七歩歩いて「天上天下唯我独尊」と宣うたとは？

人間は本当に悟りを開けるのか？

釈尊以外の人間の悟り

悟りの存在を知り、強い願望を持ち、修行を重ねて、悟りに近付き、小悟・中悟に至った人はいるかもしれないが、釈尊と同じ大悟者の記録・風聞は無い。

釈尊の入滅

人間としての死、仏としての生、涅槃寂静とはこの世の真理を確認し受け入れる事。

そう思う時、釈尊の悟りは約２５００年前、その時代、その社会の文化・宗教・政治等の状態や状況はどうだったか？

特に、世界・宇宙観は？　コペルニクスも、ガリレイも誕生前の出来事だった事を、今さらの様に考える。

そして今、心経の五蘊をどの様に理解すべきか？

二　仏教の伝播

仏教（経典）の伝来

南伝仏教（パーリ語）は、インド↓スリランカ↓ミャンマー↓タイ↓カンボジアへ。

北伝仏教（サンスクリット）は、インド↓中央アジア↓中国↓韓国↓日本へ。

蔵伝仏教（サンスクリット）は、チベットに。

いわゆる三蔵経とは「経・律・論」、すなわち釈尊の教えである経、弟子たちの守る戒律である律、経・律の解説である論の総称。

仏教の根本とは「空」の感得、それが他の教えから区別するとされる「三法印《さんぼういん》」。諸行無常・諸法無我・涅槃寂静に、一切行苦を加えて四法印ともいう。

四諦と縁起、すなわち苦・集・滅・道を乗り越え、正す八正道がその目指す所。

徳目とは、悟りに至る六波羅蜜修行の事である。


仏教宗派と日本における宗祖・日本への伝来者等

＊真言密教・空海　～高野山～　即身成仏
＊律宗《りっしゅう》・鑑真　～唐招提寺～　戒律を重んじる
＊法相宗《ほっそうしゅう》・玄奘三蔵　～薬師寺・興福寺～　唯識論・一切は心から生じる
＊天台宗・最澄　～比叡山延暦寺～　法華経＋密教（他に円珍ら）
＊浄土宗・法然　～知恩院～　南無阿弥陀仏・専修《せんじゅ》念仏（弟子に親鸞）
＊浄土真宗・親鸞　～東・西本願寺～　非僧侶・非俗人・悪人正機《あくにんしょうき》
＊臨済宗・栄西　～建仁寺～　禅宗・公案・真実の自己
＊曹洞宗・道元　～永平寺～　禅宗・一生不離叢林《ふりそうりん》・只管打坐《しかんたざ》

＊黄檗宗《おうばくしゅう》・隠元　～萬福寺～　禅宗・念仏＋座禅（観想念仏）

＊日蓮宗・日蓮　～身延山～　独特・南無妙法蓮華経・久遠の本佛

※浄土宗・浄土真宗は、いずれも阿弥陀仏信仰、地獄極楽と極楽浄土の信仰。

宗派の特徴、その他

顕教は文章・経典で学ぶ。

密教は口伝（師匠→弟子への秘伝）で伝える。

仏教は大きく分けて、上座部（小乗）仏教・大乗仏教・密教仏教・禅仏教から成り、他に蔵伝仏教と呼ばれるチベット仏教がある。

上座部仏教は、タイやミャンマー等を中心に、出家主義と釈迦牟尼仏のみを拝むのが特徴。

大乗仏教は、中国・韓国・日本等を中心に、在家、出家も多数。

仏像は崇拝の対象ではない！　仏の教えを心身で感じるための方便としての信仰の対象。

上座部は釈迦牟尼仏のみ、大乗仏教は毘盧遮那仏・釈迦牟尼仏（釈尊が何度も生まれ変わって説法すると説く）等、密教は大日如来や明王、浄土宗系は阿弥陀仏、禅宗は観世音菩薩や釈迦牟尼仏等を本尊仏とする事が多い。

いわゆる「四大師」の諡号《しごう》は、伝教《でんぎょう》大師・最澄、慈覚大師・円仁《えんにん》、弘法大師・空海、智証大師・円珍。

密教では、師匠の事を「阿闍梨《あじゃり》・大阿闍梨」と呼び、これはサンスクリットの「アーチャーリヤ（高僧・先生）」の音写である。

三　弘法大師・空海

（参考文献：『弘法大師 空海百話』 佐伯泉澄著　東方出版）

空海の生涯

774（宝亀5）年　6月15日　誕生。

791（延暦10）年　沙門《しゃもん》・私度僧《しどそう》と出会い、「求聞持法（虚空蔵菩薩能満諸願最勝心陀羅尼求聞持法）」を修行。虚空蔵菩薩の真言を百万回唱える事で、全ての経を暗記する能力を獲得する事ができる。

793（延暦12）年　20歳で和泉国の槇尾山寺で出家得度？　如空を名乗る（それ以前は無空と名乗ったとも）。

796（延暦15）年　23歳で大和の久米寺東塔下にて「大日経」を知る。

797（延暦16）年　12月1日　24歳で「聾瞽指帰《ろうこしいき》」（後に「三教《さんごう》指帰」）を表す。法名を教海とする。

804（延暦23）年　4月7日　31歳で出家得度。

5月12日　遣唐使一行として難波津を出港（7月6日に寄港地の長崎

県平戸より出港)。
入唐して僧・恵果《けいか》より灌頂を受けて秘伝を口伝され、真言密教第八祖(第一祖大日如来……第六祖不空三蔵・第七祖恵果)となる。灌頂名は遍照金剛(大日如来の密号)。

806(大同元)年　10月　筑紫国太宰府に帰国。

807(大同2)年　34歳で日本における真言宗開創、勅許を得る。

815(弘仁6)年　42歳で四国霊場開創。

830(天長7)年　57歳で勅命により『秘密曼荼羅十住心論《じゅうじゅうしんろん》』(後に『秘蔵宝輪』へ要約)を著す。

835(承和2)年　3月21日　高野山にて62歳で入定、即身成仏。

921(延喜21)年　10月27日　醍醐天皇より諡号「弘法大師」を受ける。

空海の教え

(以下参考:『読売新聞』　2012年1月8日　松長有慶・高野山真言宗管長総本山金剛峯寺第412世座主の記事)

弘法大師の「仏心一如」とは、物と心は一つで、それぞれ命を持つという事。

大師の『般若心経秘鍵』に「それ仏法遥かにあらず、心中にして、即ち近し」とある。

また『秘蔵宝輪』には「生れ生れ生れ生れて生の初めに暗く、死に死に死に死んで死の終わりに冥《くら》し」とされる。

その言葉に、「如実智自身（近くて見難きは我が心）」、「日車駐《とど》まり難く　人間変じ易し（日々の過ぎ行く事は止めようもなく、人は知らぬ間に老いてゆく）」がある。

密教の法身仏、それは真理として存在する仏であり、存在の一切は法身仏大日如来の世界にして、大日如来の宇宙、すなわち太陽宇宙である。

密教についての雑感

密教とは、仏と一体化して生きる「他力本願＋自力成仏」と感じる。

即身成仏とは、生身のままの「心・生命」を目的を持って、自己の意志で「悟り・仏」に至る行為。霊的に仏として存在するために、命の縁を解体する「身心の分離」であり、即身成仏した存在の実態は、心であり、姿形は無い。

悟り願望の強い意志は、悟りに直行する特異変体現象を求める心を生じさせるのか？

現世に、仏として存在するとしても、人間は悟らない限り、それを人間の五感によって認識はできない。心中心理的意識で観じる対象が仏であり、人それぞれ信じるか否かである。

よって即身成仏は、心経の「般若波羅蜜多」による悟りではない。

四　心経の解説書に学ぶ

『仏教なるほど事典』（小宮山祥広著　ナツメ社）
『面白いほどよくわかる仏教のすべて』（金岡秀友監修　日本文芸社）
　右の２冊を読んで――

般若心経とは何か

般若心経「（仏説摩訶）般若波羅蜜多心経」は唐の僧・玄奘三蔵による漢訳「大般若経」の真髄を２６２文字に要約した経とされている。

玄奘三蔵は随代の６０２（仁寿２）年に生まれ、26歳で　天竺（インド）へ求法《ぐほう》の旅をし、16年後に帰国。

玄奘以前に中国へ経典をもたらした先達として、法顕による３９９年から４１３年の求法の旅、４０１年に西域から長安に入った鳩摩羅什による仏教経典の漢訳の業績がある。

般若心経を読む

般若波羅蜜多はサンスクリットの「パンニャー　パーラム　イ・タ」の音写。

智慧を「パンニャー」、彼岸を「パーラム」、渡るを「イ・タ」とし、「智慧の・彼岸に・渡る」すなわち悟りの境地である「空」を説いている。

「般若波羅蜜多心経」は270文字であるが、経冠の「仏説摩訶」と経末の「般若心経」を含まない本文262文字とした心経論などもある。

心経の説く空とは、自由で拘りの無い心、智慧の完成の事。

以下、キーワードごとに——

「観自在菩薩」は仏の存在の象徴で、悟りの存在を象徴的に示している。

「行深」は六波羅蜜の修行実践であり、観自在菩薩が深遠な智慧の完成のために行う修行・瞑想。

「波羅蜜多」は智慧の完成、悟り。

「照見」は智慧の完成で存在を確認する。

「五蘊」は色＝物質と、受・想・行・識＝精神性の構成要素。

「皆空」は五蘊は空であるという、存在を見極める智慧の完成で、度一切苦厄の悟りの境地。

「空」は絶対的でなく、相対的でしかし実体が無い。五蘊の一体的な現象・無常。

「舎利子」以下は、存在の実体は現象——これが空の真理という事を説く。諸法、全ての存在は、色と空の一体現象であり、以下は空で理解する現実。

「菩提薩捶」以下は、菩薩は智慧の完成修行実践で悟り、涅槃に安住しているという内容。究竟涅槃＝涅槃寂静。

「三世諸仏」は過去・現在・未来。

「得阿耨多羅三藐三菩提」は音写で「最高の悟り」の意。

「故知《こち》般若波羅蜜多」とは、大神呪《だいじんしゅ》・真言・マントラ。真実の言葉。

「般若波羅蜜多」は智慧の完成、真言の呪の完成であり、空・真理・真言・呪。今、空の真理呪を言葉にすると、真実の言葉「羯諦羯諦」となる。

「薩婆訶《そわか》」という感謝の言葉をもって、空の説話を終わる。

その他

波羅蜜多とは、六波羅蜜の実践の内容であり、布施・持戒・忍辱・精進・禅定・智慧。

五戒とは、不殺生・不偸盗・不邪淫・不妄語・不飲酒《ふおんじゅ》。

寺の「山・院・庵」などの山号は、山に対する神秘思想が背景。

梵鐘の「梵」はバラモン教の宇宙の最高原理の事。朝夕　18・36・１０８回の時報。

神仏習合の始まりは奈良時代、１８６８（慶応４）年3月に明治維新政府は神仏分離令を出し、神道が国教化する事で強引な廃仏毀釈（神仏分離）が行われた。


続いては、『般若心経入門』（松原泰道著　祥伝社）を読んで——

般若心経の基礎知識

伝来仏教経典の一つ、「摩訶般若波羅蜜多心経」玄奘訳。経題10文字に釈尊の教えがまとめられていると解説している。

「仏説摩訶般若波羅蜜多心経」を簡略的に「般若心経」「心経」という。翻訳は唐の玄奘三蔵（602~664）が行い「観自在菩薩」と訳す。

旧訳は中国に来朝した西域のクマラジーバァ＝鳩摩羅什（344~413）で「観世音菩薩」とする。その翻訳を参考に、玄奘三蔵が翻訳したという。

観世音菩薩（鳩摩羅什）＝観自在菩薩（玄奘三蔵）。これは心経を理解する一つのヒント。

三蔵とは「経・律・論」の事で、「経」は釈迦の教え（説法）、「律」は仏弟子としての守るべき戒、「論」は経と律の解説。

般若心経は本文266文字の経典。「仏説」摩訶般若波羅蜜多心経。276文字（うち経名10文字）。

般若心経の経典はサンスクリットで書かれた文章。文章は釈迦入滅後、永い口伝の時間を経て創られた。

般若波羅蜜多とはサンスクリットの「パンニャー　パーラム　イ・タ」の音写で「完成」の意味。

般若とは智慧を意味するパーリ語の「パンニャー」の音写。サンスクリットで「プラジュニャー」。

般若心経は智慧の心を学ぶお経で、心の中の智慧を完成させる、心を見つめる照見の経。心に内在する智慧を説く。

摩訶般若とは、心には超越的な智慧が存在する意。知恵と智慧は違うもの。

知恵は存在を主観的に認識する能力。一方の智慧は、超越的実在・超越的無意識・実在的無意識・宗教的無意識の事。また、知識は存在を客観的に認識する能力で、客観的認識記憶といえる。

経題は原文の結びにある「般若波羅蜜の真髄終わる」を、漢訳者が冒頭の題名にしたと解説されている。

摩訶般若波羅蜜多心経とは、般若（智慧）を見極めるため波羅蜜（修行）を実践するための教え。

般若心経を理解する

摩訶般若波羅蜜多心経は、心の本性を解き明かすもので、「色」とは物質的現象として存在認識するもの。すなわち、目に見える形のあるもので、サンスクリットの「ルーパー」。一方、「空」とは「色」すなわち物質的現象の存在認識を否定する。

否定には、否定する対象の存在が必要で、色と空は互いに否定・肯定のできる立場にある。この関係を智慧が解決するのが、否定の否定、肯定の否定の肯定という論理。

今、現実に存在すると感じている、自己の心に存在する実体は何なのか？　その答えが心に内在する智慧の完成であり、仏説摩訶般若波羅蜜多心経が目指すもの。

「仏説」摩訶般若か？　釈尊は仏（ブッダ）の大きな智慧の存在を話した。そして、波羅蜜の説法をする仏（ブッダ）を背景とした、釈尊の悟りの世界の説法が摩訶般若波羅蜜多心経。

摩訶般若とは？　釈尊は大きな智慧によって波羅蜜修行を実践すれば波羅蜜多心（悟り）に至ると説法する。釈尊は、悟りには大きな智慧が必要だと、中道波羅蜜修行の実践を説く。

摩訶は、時空を超越する大きさを意味するサンスクリット「マハー」の音写。

すなわち空の存在を認識する大きな智慧、存在（時空）を超越した無我の世界という事で、超越的実在・超越的無意識・実在的無意識・宗教的無意識……

最高の智慧の完成が、如来（タターギャタ）。

観自在菩薩とは仏の存在の象徴であり、心の中の実体を智慧で観じ、仏心一如の仏性を見出すという意味。

釈尊の教えは、存在の原点は空であり、空が存在の真理。その空を認識し理解する智慧の獲得が、般若波羅蜜多であり、これを完成するのが六波羅蜜実践の修行であるという事。

心経という経題は？　心・経か？　弘法大師は、般若心の経と説く。心経とは智慧の心であり、心・経は智慧の内容。智慧の本質を説き、真理を認識する心を説き、智慧の心を説く、故に「心経」だという。

以下、こちらの本でも心経の重要な語句について——

「五蘊」の蘊は、働きをしながら寄り集まっているもので、五蘊とは「色・受・想・行・識」。

色は物質性の現象、他は精神性の要素で実体が無い。すなわち、受：五感の作用、想：概念・思う事、行：意志活動・行為、識：対象を認識する知識の事。

「舎利子」以下は空・智慧での世界観を説く。つまり、諸法空相で見る現象の世界。

「得阿耨多羅三藐三菩提」はサンスクリットの「アヌタラーサンミャクサンボーディ」の音写
「呪」は無上正等正覚すなわち最高の正しい悟り、智慧の完成と悟りを示す真言。観自在菩薩は深般若波羅蜜の行を実践し、智慧を完成した、それが空・呪。

「羯諦羯諦」は自覚、「波羅羯諦」は他覚、「波羅僧羯諦」は自他共に正覚する事を示すサンスクリットの音写。

「菩提娑婆呵」は悟りの成就、般若心への喜びと感謝の思いを念ずる。

釈尊の説法

「四諦」は「苦・集・滅・道」に関する四つの真理、サンスクリットの「サテイヤ（真理）」の音写。「苦」はこの世の真理、「集」は苦の原因となる執着、「滅」は苦と集の超越、「道」は超越するための「八正道」を説く。

「中道」は因縁の理法に生きる事で、「八正道」は因縁の理法を見極めるための生き方。「四諦」の否定は、智慧において空の真理での「否定・肯定」に他ならない。

「諸行無常」とは、常に変化している存在の現象で、無常の真理は「諸法無我」。

「涅槃」は平安な心の境地であり、最高の涅槃が「究竟涅槃」と「涅槃寂静」。

五　参考資料・用語等

【修行】存在の実体と本性を見極める能力を獲得する、具体的な行動。戒律の実践。
①三密修行「身密・口密・意密」は、心の本性を見極める基本姿勢。
②十善戒修行は、三密の具体的な内容。
六波羅蜜の実修は①と②の具体的な修行内容で、心の行深により心の本性を見極める。

【煩悩】煩悩・厄の数が１０８とは、唐僧・百丈《ひゃくじょう》懐海《えかい》の定めた風習で、同数の梵鐘を撞く事で煩悩を払う。
煩悩は生活上で差し障る事柄であり、喜怒哀楽全てに関わっている。
＊煩悩＝１０８の考え方（71番 弥谷寺標札より）
四苦・八苦　４×９（36）＋８×９（72）＝１０８
季節の認識方法　12季＋24節＋72候＝１０８
１００以上の数字は、数の多い事を意味する。

【念珠】念珠（数珠《じゅず》）の数は１０８が基準。
まさぐる事で読経の回数確認に利用。
多数を数える場合、１単位を１００とする。＋８は過少を避ける智慧。

個数には54個、27個、18個も。

【金剛杖（同行二人）】弘法大師の分身という位置付けで、旅の足を支えて頂く。「遍照金剛」「同行二人」の文字はお大師様の御宝号（遍照金剛）の象徴。お大師様と「一緒」に「二人」で歩く意味。

【三界（欲界・色界《しきかい》・無色界）】悟りの世界の段階。悟り＝解脱において展開する世界が欲界・色界・無色界。

欲界は物質の世界で、六道・六趣の世界。天・人・修羅・畜生・餓鬼・地獄。

色界は禅定の世界で、欲界を脱した形のみのある世界。天・提婆（「デーバ」の音写）。

無色界は悟りの世界。

【三宝《さんぼう》（仏・法・僧）】①仏の説く真理を信じ、②真理を聞き、③真理を理解する。仏教で最も尊敬すべき三つで、これに対する帰依を表明するのが「三帰依文」。

【三法印】仏教の教えの根本である、①諸行無常、②諸法無我、③涅槃寂静。これに一切皆苦を加えて「四法印」とも。

【懺悔】仏教では「さんげ」と読む。仏と自分との絶対的な約束の構図、または自分と自分の約束。

誕生から現在までの、心に刻み込まれた過去一切の記憶を、反省、整理整頓して厄となり得る全ての意識を清算する事。

無意識的記憶を含め、過去の過ちや罪等の償いについては、過去の再現はできないため、今後は強い継続的意識を持って、厄を生じさせない生き方に徹する決意を示す。

【三密】身・口・意によって、心の本性を見極める基本姿勢。これを実現するための修行が十善戒であり、六波羅蜜修行の実践。

【参拝と礼拝《らいはい》】礼拝は大乗仏的側面で、顕教的・他力本願的。礼式を重視。

参拝は小乗的側面で、仏と一体化。色心不二、仏心一如の自然体の祈り。

【真言】梵語（サンスクリット）によるマントラ。真理の言葉、呪文・呪、光明真言（密教）、諸仏の真理を言葉にしたもの。

【五感と六感】感覚器官による現象の認識意識。

現象の知能認識は、実体の存在、継続変化している実体の瞬間的な断片。

【慈悲】仏の慈悲は、楽を与える、苦を取り除く。仏の誓願（観音経）、観世音菩薩、世尊偈等。

【信仰】読経・写経・写仏は、仏の教えを理解し、仏と一体化する行為。

お寺の参拝・各種の修行実践も同じ。

【念仏】心念・読誦の声。願望成就のために仏を信仰する心の表意行為。自分の命を自由にできない無我、無所得・無所有・無占有を知り、心の奥深く意識・無意識の記憶の一部の願望成就を強く意識する。

今を生きるための、三世一体とした生き方の一つの形。

念仏読誦は、心中読経参拝で仏と一体化し、厄の解消を図る。自分の読誦の声を強く意識して、心の耳で聞く。聴覚（耳・音の感覚）は、五感最高の感覚。

【大日経】密教の宇宙観を示す。

　呪文の長いものを陀羅尼、短いものを真言という。

【曼荼羅】曼荼羅は中心があり四方八方に広がる、密教における存在の真実本質を表現した世界観。

　胎蔵界曼荼羅は大日如来の悟りの境地、理法の真理を表し、金剛界曼荼羅は悟りに至る環境、智慧の真理を表す。「界」は力の意。

（参考：『知っておきたい日本の仏教』武光誠著　角川学芸出版）

【八万四千の法門】仏の教えは、いかなる悩みにも応じるという意味。

【宗教】人間の知能による創造・世界観。

【五輪塔】地・水・火・風・空という、心の働きのない物質を塔の形で表す。常住でなく、現象としての色（物質）の理。識（心）の智を加えて、六大法身または六大と呼ぶ。

【六大】地（安定・保持）、水（湿気・集める）、火（温成熟）、風（動き・成長）、空（無礙・障りがない）の五大に識（心・認識）を加えた約２５００年前の仏教的世界観。

【加持】「加」は、仏の大慈大悲に生きている認識、「持」は仏の大悲を信じて生きる事。

【陀羅尼】　経文（サンスクリット）、真言陀羅尼は暗記し記憶する力。

【補陀落山《ふだらくせん》】観音菩薩の浄土。

【即身成仏】生身で、意志を持って、仏になる事。霊的な存在となるために命の縁の解体をする意。

【観音行】世の中の衆生済度のための実行力、助けを求める衆生の願意を成就させる実行力。

【七福神】恵比寿（日）・大黒天（印）・弁財天（印）・毘沙門天（印）・福禄寿（中）・寿老人（中）・布袋尊（中）の諸尊。仏教において護法神としての性格を持つ。

【神通力・六神通力】仏の悟りが現実を超越している事を示す力。

＊神足《じんそく》通（神境通）：自分の欲する所に現れる力（物理法則の超越）。

＊天眼通：自他の本来の存在を知る力。

＊天耳通：他人の聞こえない音を聞く力。

＊他心通：他人の心の動きを自由に知る力。

＊宿命通：他人の過去世を知る力。

＊漏尽通：煩悩を取り去る力。

【へんろ笠の文字】迷故三界城……迷うから苦が生じる。

本来無東西……求めるから迷いが生じる。

同行二人……お大師様に仏の道を教わり――

何処有南北……迷いに対処する悟りを求めて修行をする。

悟故十方空……その成果があれば、そこに悟りの空がある。

【参拝の「打つ」】参拝の風習で、かつてはへんろ者は参拝時に「木札」を寺のお堂などに打ちつけた事から。

【寺】仏像を安置し、僧・尼が住居し、道を修し、説法を説く建物（『広辞苑』岩波書店より）。

「院」は寺の中に建てられた別舎。

「坊」は大寺院に所属する小さな寺院、坊主（地位の高い僧侶の敬称）。

「庵」は隠遁生活する僧侶、出家者の仮住まい。転じて一般生活圏を離れた場所。

金堂、仏殿、本堂は寺の中心。

仏塔は仏舎利塔（仏陀の遺灰を納めた）の名残り。これを意味するサンスクリットの「ストゥーパ」の音写が卒塔婆。

梵鐘は時刻を告げるため。梵はサンスクリットの「ブラフマン」（宇宙の根本原理）を意味する。１０８の煩悩を鎮めるため朝夕撞かれるが、通常は36あるいは18等と省略される。

【僧侶】僧＝僧伽＝サンガ（サンスクリット）＝集団で「まとまり」が語源。

度牒《どちょう》とは得度式（各宗派で呼び方に違いあり）の事で、僧侶である事の利益を与える儀式。

住職として新たに寺に入山する際に行われる儀式が晋山式《しんざんしき》。

袈裟はサンスクリットの「カサーヤ」の音写で、古代インドの僧衣。質素を旨とする。

修行とは、仏の教えを正しく理解し守り、実践する事。水行・回峰行・座禅等幅広い。

【慈悲心の確立・保持】戒律とは、「戒」（自発的に守るべき事柄）と「律」（背くと受ける罰）を示した規則。

戒名とは、戒律を教え与えられる「受戒」の際に受ける名前で、宗派別に色々な形式がある。法号・法名。

【須弥山《しゅみせん》】仏の住む山で世界の中心。仏教の世界観。

【彼岸】サンスクリットの「パーラー」で、彼岸・仏の世界・悟りの世界。

【菩提】覚知・悟りの智慧。

【神仏習合】役行者《えんのぎょうじゃ》をはじめ、神仏習合と山岳密教の関係は深い。
神の世界は多神教から一神教まで、一方の仏の世界も多仏教から一仏教まで。それぞれ宗派により独自性がある。

【廃仏毀釈】１８６８（慶応４）年３月に明治維新政府により出された「神仏分離令」をきっかけとした、全国的な寺院や仏像等への破却。

【因縁】仏教の基本原理。原因と結果は、無常の真理による現象。
因は、自分の考え方。縁は、周辺環境。因果は、自分の心と周辺環境の干渉の結果。

第七章

計画・準備・実行・記録

一　へんろの具体的な計画と準備

へんろ旅を始めるに当たり、まずは改めて発心の自覚を確認。あわせて、自分にとってへんろの必要と可否、実行の意志と適正を確かめました。

そうした上で資料等を収集して、以下に記す様にへんろに備えました。

基本計画

へんろ旅の形と期間等について決め、長期間のへんろ計画内容等を立てました。

実は過去にへんろ経験があり、初めての歩きへんろは２００１（平成13）年の１０８カ寺野宿の旅です。このへんろ体験を参考に本格的な計画準備を始めました。

・計画と準備期間は、２００６（平成18）年。
・マイカーをテント代わりに野宿する。
・マナーは、へんろらしさ、出会いでの姿勢、ゴミの処理。
・順打ち、逆打ち、同時進行。
・朱印、納経帳は十回に一回。
・年間行動する期間は、毎年1月11日～12月10日を前提条件に、参拝回数目標を立てる。

・具体的な回数目標は、歩きへんろ１０８回、車のへんろを１０８回と設定。
・期間は２００８年～２０１９年の12年間。満年齢80歳までに終了の計画。

へんろ名「深山無行」

実行準備の一つには、へんろ名の事前準備がありました。

私の場合は、自己命名です。

悟りを考えながら「人生」無駄遣いの時間帯、無行の旅、長い時間を掛けるへんろの旅を、欲張らず「無」心で「行」く事から、この様に名付けました。無行の旅・無学・無知・無教養・無謀等、名の通りの無駄な旅になる予感がしたものです。

そもそもへんろ名は、何のために誰が付けるのか?と考えると、芸名・営業名・ペンネーム・自称・戒名等色々な名前がある中でも、へんろ旅は非日常であり、自己命名は自由の範疇と、自己命名しました。

宿・装備等

・車野宿は、車中泊のために十分用意できるのが利点。
・足の管理（靴、中敷、靴下、サポーター）については、それぞれ品質、サイズ、使用と管理に留意。
・衣服、レインコート、常備薬等、水と食料品。

・参拝用品。

歩き方の基本的な事柄等

・長期間、長時間、長距離の歩きへんろとする。
・心構え（装備、路上状態、気象環境、予定時間、予定距離）を常に留意する。
・行動（杖、歩幅、スピードとリズム、休息、水補給、エネルギー補給、着替え）に留意。
・安全（早朝、薄暮、トンネル等）のため、ライトや反射帯の携帯で自己存在を主張する。
・歩き方はモンキーウォーク、腰で歩く。
・八十八カ所の一気打ち、順または逆打ちを連続的に歩く。
・一日の歩く距離は、平均40㎞プラスマイナス５㎞。
・杖の活用は「プル・リフト・プッシュ（P・L・P）」で。特に握力の活かし方をマスターする。
・ゴミを捨てない、落とさない。ザックと心は、軽いほど楽。

危険と考える対象

・車両と人、適格でない危険な人、運転手は一定率いる。各種事故情報等の参照が必要と考える。

健康管理等

・行動中は、マメ対策と過疲労対策のため、サポーターと湿布薬を携行。

・宿泊地では、安全、足を洗う事、乾燥、清潔、手入れに注意。

・トイレ対策は、時間の習慣をつけ、公衆施設、お寺、コンビニ等の位置を把握。

納め札の事前準備

・個人情報に注意。納め札はへんろの名刺。

・へんろ同士の納め札交換も、お接待に準ずる行為。

休日は一週間に一日程度

・起床時間の習慣は特に大切、8時間程度の睡眠時間も習慣付ける。

・決まった時間での生活習慣を継続する。例：5時起床～17時まで歩いて行動を止める～21時就寝。

・装備品関係は、5～6kg程度。野宿歩きの場合は、装備とザック重量を10kg前後とし、あとは現地調達を考える。

靴等について

・靴は足を守るために重要。歩く形で選択基準が変わり、難しい。

・防水性なら、登山用軽登山靴。

・数足を準備して携帯する。同種、同型、同サイズで。

・サイズは、日常より大き目にする。
・靴底は硬いものを選び、クッションは中敷、厚めの靴下で対応する。
・中敷き2枚、靴下2重履き、サポーターで足を守る工夫をする。

服装

・自分のへんろに対する考え方で決める。
・今の社会的環境を考えると、特に拘る必要性は感じない。
・へんろの意識を強く持った旅なら、へんろ姿に。但し、ある程度の制約があると考えた方がいい。
・金剛杖、へんろ笠、白衣を基準として、輪袈裟や念珠は参拝時に用いるのも一法。

足の手入れ

・歩行中も常に清潔、乾燥、冷却に徹する。早目の対処が大切。
・水洗い、およびベビーパウダー、軟膏、酢等の携帯。
・一日の歩きが終わったら、まずは水洗い等で足を冷やす。
・湿布、塗り薬、マッサージ等で日々の手入れを大事にする。
・マメ対策は万全を期して、早めにサポーター等で対処する。

歩き方の重要なポイント

私の場合、心構えはかつての登山体験を参考にしました（第一章参照）。

・身体が楽に歩ける体型や体調等を獲得するまでは、絶対に無理しない。

・歩き初めの1週間、毎朝の歩き始めも同じ。

・常に、身体能力の80%を超えない様に意識して歩く事。

・杖は足を守る道具。必要と考える場合は、自分の三本目の足として杖を準備する。

・杖を有効に使い、足の負荷を軽減する。一本杖の利点を理解する。

・効果的な活用。「転ばぬ先の杖」とは、とっさに杖を使える訓練の事。

・脚の能力を自覚して、一定の自分のリズムで。ベタ足、モンキーウォークを意識する。

・手に荷物を持たないで、ザックは腰に負荷、肩に負担が掛からない様にする。

・少し汗ばむ程度で、自分のペースで歩く。他者と競争を意識しない。

・途中でザックを降ろし、腰を落としての意識的な休憩は取らない事。

・参拝、食事、買い物で実質的休息を取る。

実際に休憩しても、「行動中に休息はない」と常に頭（脳）に思い込ませる「意識的・心理的」作戦を体得しておくのがおすすめです。

二　へんろ旅のまとめ

1〜88	距　離	所要時間等	山門〜山門	階段数
徳島県	約201.6km	約57時間	約12650歩	1596段
高知県	約412.8km	約102時間	約8100歩	1226段
愛媛県	約370.2km	約99時間	約11100歩	1565段
香川県	約155.1km	約44時間	約17100歩	1720段
小計	約1140.0km	約302時間	約48950歩	6107段
境内距離	約20.0km			
合計	約1160.0km（体感的最短距離）			

山門〜山門平均	約555歩
階段数平均	約72段
境内距離平均	約250m
境内歩幅	約50cm／歩

所要時間等個人的な所感

距離（1番～88番）……約1200・0㎞（体感的生活距離）
　うち、買い物・接待・洗濯等の移動……約40㎞
一日行動時間……約12時間（AM5時～PM5時　平均的な行動時間）
歩く時間……平均約10時間（参拝時間・食事等休息時間約2時間）
平均歩行速度……山道等時速2・5㎞～2・7㎞
その他の時速……3・8㎞～4・2㎞
一日の平均距離……約40㎞（40㎞～48㎞）
一回の参拝日数……約30日間（休日2～4日間）
往復の平均日数……約60日間（1番～88番・88番～1番）

三　旅の記録

順打ち・逆打ち同時進行の歩きへんろでのへんろ旅の時系列記録

実行年度　　年齢　年度別・旅のテーマ
2000（平成12）年　60歳　初めてのへんろ旅
2007（平成19）年　67歳　この歳までに車と歩いてのへんろ旅を計9回（歩き3回・車

6回）

☆本格的な歩きへんろ開始☆

2008（平成20）年　68歳　テーマなし（山道の手入れ同時進行）

2009（平成21）年　69歳　25回　赤色納め札（道の手入れ本格化）

2010（平成22）年　70歳　26回　銀色納め札（四国路を感謝で歩く今日の道）

2011（平成23）年　71歳　へんろ旅途中の思考記録開始

〜お接待　受けて合掌　二人旅〜

2012（平成24）年　72歳　〜今を観つ　無常寂静　へんろ旅〜

2013（平成25）年　73歳　51回　金色納め札　〜歩き重ねる　同じ道　思い薄れて今を行く〜

2014（平成26）年　74歳　〜御法号と　感謝で歩ける　四国路を　今無常を　観つつ行く〜

2015（平成27）年　75歳　〜刻一瞬に　思いの余韻　心の道を　へんろ旅〜

2016（平成28）年　76歳　〜ただ今を　繰り返す道　へんろ旅　透ける思いに　足を重ねる〜

2017（平成29）年　77歳　以降は、納め札に左記の三つのテーマを記載する。

〜拘りて　行ったり来たりの　同じ道　無常の今を　感

じつつ観つつ～
～参拝の　刻一瞬に　思いあり　余韻の道を　さまよいたどる～
～ひたすらに　歩き重ねる　道行に　百八の想い　透けて穏やか～

2019（平成31）年　79歳
ついに100回　錦の納め札に
平成は4月30日まで

2019（令和元）年　79歳
5月1日から新元号「令和」
11月30日に数え年80歳（へんろの歳は数え年）

満願、結願

この間、へんろ道の手入れは山間部の道を中心に、要した時間は計約1カ年です。

当初計画の車参拝108回は未達（51回）となりましたが、歩きへんろ旅は108回を完歩できました。

80歳での結願を目指した旅が、無事に終了できて満足しています。

歩きへんろ旅の結果概要

☞　歩いた期間…………約12年間＋α

歩いた実日数……計3357日間
歩いた総距離……約13080km
歩いた時間……約40284時間
歩いた歩数……約2億2000万歩
一日の歩数……平均65600歩
一日の行動時間……基本12時間
一日の歩き時間……平均10時間
一日の歩く距離……平均39km

へんろ満願

そして・・・

平成29年12月1日　へんろ　（第3種郵便物認可）第405号（2）

同行二人 6 四国まんだら こころの旅路

遍路道を整備しながら巡拝を続ける

「10年計画は自分との約束」

深山無行（みやま・むこう）さん（大阪府高槻市）

金の菅笠と杖がトレードマーク

徳島に生まれ大阪で職に就いた深山さんは、20代に事故でむち打ち症になり、のちに坐骨神経痛を患った。医者に不治を告げられたが、歩くことで症状が改善したため、山登りを始め、単独で三百名山を踏破した。

登山に物足りなさを抱くようになった平成13年、野宿での歩き遍路に初挑戦。きれいな遍路道に行きあたった時の感動が心に残った。平成20年、遍路道を整備しながらの巡拝を決意し、徒歩・車による各々百八回巡拝を目標に10年計画を立案。霊山をイメージした「深山」、そして般若心経の中心思想である「空と無」から「無行」を名乗ることとした。

「お遍路では人の悪口を言うことも、嘘をつくこともない。精神衛生上すごくいい」と、平成21年からは毎年、年末年始の1ヵ月間だけ大阪に戻る生活だ。

遍路道の整備は、降水を谷に導く溝を掘ったり、落石や倒木の可能性のあるものを取り除くなどの作業を続けてきた。杖の先に鎌を着脱できるなど、道具の改良も重ねてきた。

こうした行為に対して感謝の声がある一方、「道を走る達成感が薄れるので手入れをしないで」「よそもんが余計なことを」などと言う人も現れた。確かに、散歩、ランニング、生活道など、人によって道の使い方は様々だ。「なるほど」と思い直した深山さんは、昨年からは通行の妨げになる倒木除去など、最低限の整備にとどめることにしたという。

「10年計画は自分との約束。やめようと思ったことはない」。2年後、80歳で計画達成したあかつきには、10年間の遍路体験を自分史としてまとめたいそうだ。命とは、悟りとは、仏とは？遍路では思索の時間がたっぷりある。相談を持ち掛けられたり、お年寄りの話し相手になったり、さまざまな出会いを繰り返しながら、今日も遍路道をいく。

お遍路さん情報紙『へんろ』（株式会社伊予鉄グループ発刊）より転載

WALKERS OF THE SHIKOKU 88-TEMPLES

四国八十八ヶ所遍路大使任命書

（第168号）
大阪府
山田淳二　殿

貴方は四国八十八ヶ所歩き遍路約1,200kmを完歩され、四国の自然、文化、人との触れ合いを体験されたので、これを証すると共に四国遍路文化を多くの人に広める遍路大使に任命致します。

平成22年8月8日

NPO法人 ループ88四国
理事長　森　徹

国際ロータリー第2670地区
2010−2011年度ガバナー
亀井義弘

NPO法人遍路とおもてなしのネットワーク
理事長　梅原利

さぬき市おへんろ交流サロン
代表　木村照一

前山おへんろ交流サロン発行代理

おわりに

ここまで、私のささやかなへんろ旅の雑記録をお読み頂き、ありがとうございました。

思えば、故郷にあって日々空に星が瞬くまで、ひたすら山の道を歩き回っていた子どもの頃から、青壮年になっての百名山、そして三百名山の踏破、さらに老境に達してのへんろ旅１０８回の結願……と、私の人生はひたすら歩き続ける事のみに費やしてきた様な気がします。

歩く事で得られた宝は数限り無くありますが、心の事、命の事、そして日々を精いっぱいに生きるという事、そうした多くを自分の心にあれこれと自由気ままに問答できた喜び、そして何より今なお健康で毎日を送れるありがたさは、格別です。

人は生まれる時、「オギャ」の言葉と共にこの世界に出てきます。それは、般若心経に関する部分でも書いたのと同じ「呪」であり、命・存在の始まりは振動としての音、それが言葉になり、文字になり、自らを取り巻く環境を変化させていくのではないでしょうか。

そうであれば、ここに書き上げた一冊の本が、いささかでも皆さんとの縁の糸となるやもしれません。その事を祈って筆を擱《お》きたいと思います。

最後に、本書の編集制作に当たり懇切なお力添えを頂いた株式会社幻冬舎メディアコンサルティング ルネッサンス局の皆さん、そして誰よりも、常に私を力強く支え続けてくれる家族に深甚の感謝を捧げます。

令和4年11月吉日

深山無行　合掌

〈著者紹介〉

深山無行（みやま むこう）

1940（昭和15）年生まれ。徳島県出身。本名 山田淳二。

元気に歩けるうちに好きな事をしたいとの思いで、再雇用よりも定年退職を選び、当時趣味だった登山と旅の日々へ。1995年から2007年までの間に日本300名山に単独登頂し、その後、キリマンジャロやキナバル山等、海外登山へ。5回の山岳旅（熊野古道・奥掛け前掛け・小辺路・中辺路）の途中で、熊と鉢合わせて怪我をした後、2000年からへんろ旅へ向かう。その後、2020年までに歩き遍路108回を含む、計160回のへんろ旅を達成。現在は、その経験を広く伝えたいと執筆活動に専念。

四国八十八カ所《しこくはちじゅうはっかしょ》　へんろ旅《たび》で紡《つむ》ぐ88《パッパッ》の時間帯《じかんたい》

2023年4月28日　第1刷発行

著　者　　深山無行
発行人　　久保田貴幸

発行元　　株式会社 幻冬舎メディアコンサルティング
〒151-0051　東京都渋谷区千駄ヶ谷4-9-7
電話　03-5411-6440（編集）

発売元　　株式会社 幻冬舎
〒151-0051　東京都渋谷区千駄ヶ谷4-9-7
電話　03-5411-6222（営業）

印刷・製本　中央精版印刷株式会社
装　丁　　村上次郎
イラスト　野口 萌

検印廃止

Printed in Japan
ISBN 978-4-344-94298-1 C0095
幻冬舎メディアコンサルティングＨＰ
https://www.gentosha-mc.com/